Aids lässt sich mit Vitaminpräparaten heilen? Der Klimawandel ist eine Erfindung? Die Mondlandung hat Hollywood im Auftrag der CIA inszeniert? Wahrscheinlich werden Sie nichts davon glauben – zu Recht. Aber wie wäre es hiermit: Bio-Lebensmittel sind gesünder? Die Masern-Mumps-Röteln-Impfung kann bei Kindern Autismus auslösen? Frauen reden mehr als Männer? Auch dies sind Auffassungen, die hinreichend durch die Wissenschaft widerlegt wurden. Und wenn Sie meinen, Sie selbst brächten viel häufiger den Müll runter als Ihr Partner – hielte das einem Faktencheck stand? Oder die unumstößlichen Gewissheiten Ihres Chefs, die er mit seiner Berufserfahrung begründet? Wir alle halten uns für vernünftig, und wenn wir uns einmal irren, muss man uns nur in Ruhe aufklären, schon sehen wir es ein. Oder? Falsch. Die Psychologie hat mittlerweile herausgefunden: Wichtig ist für uns nicht, ob etwas wahr ist, sondern ob es sich wahr anfühlt. Sebastian Herrmann erklärt, warum Menschen glauben, was sie glauben, und warum es so schwer ist, sie davon abzubringen. Er zeigt, welche Fehler wir in Diskussionen machen und wie wir stattdessen vorgehen sollten – um zu überzeugen und nicht auszurasten.

Sebastian Herrmann, Jahrgang 1974, ist Wissenschaftsredakteur der *Süddeutschen Zeitung*. Er hat Politikwissenschaft, Geschichte und Psychologie in München und Edinburgh studiert. Bei der *Süddeutschen* berichtet er regelmäßig über Sozialpsychologie und irrationale Glaubenssysteme.

Sebastian Herrmann

STARRKÖPFE ÜBERZEUGEN

Psychotricks für
den Umgang mit
Verschwörungstheoretikern,
Fundamentalisten, Partnern
und Ihrem Chef

Rowohlt Taschenbuch Verlag

3. Auflage Juli 2020
Originalausgabe
Veröffentlicht im Rowohlt Taschenbuch Verlag,
Reinbek bei Hamburg, September 2013
Copyright © 2013 by Rowohlt Verlag GmbH, Reinbek bei Hamburg
Umschlaggestaltung ZERO Werbeagentur, München
(Illustration: © FinePic, München)
Satz Quadraat PostScript bei
Pinkuin Satz und Datentechnik, Berlin
Druck und Bindung BoD – Books on Demand GmbH,
Norderstedt, Germany
ISBN 978 3 499 62025 6

Inhalt

EINE TRAGISCHE GESCHICHTE

Manche Irrtümer enden tödlich. Die Geschichte von Christine Maggiore ist so ein tragischer Fall. Die Amerikanerin wuchs im Süden Kaliforniens auf; nach Highschool und Ausbildung arbeitete sie in der Werbebranche. Sie bereiste die Welt und lebte eine Weile in Florenz, wo sie ein erfolgreiches Unternehmen gründete. Dann stellte ein Besuch beim Arzt ihr ganzes Leben auf den Kopf. Bei einer Routineuntersuchung zu Beginn der 1990er Jahre wurde auch ein HIV-Test gemacht. Das Ergebnis fiel positiv aus, Christine Maggiore war mit dem Aids-Erreger infiziert. Auch ein ehemaliger Partner von ihr wurde positiv auf das Virus getestet. Eine niederschmetternde Diagnose, von der sich die damals Mitte Dreißigjährige anscheinend nicht aus der Bahn werfen ließ. Sie schien stark zu sein und engagierte sich ehrenamtlich in mehreren Initiativen, die sich unter anderem für die Belange HIV-infizierter Frauen und Mütter einsetzten.

1994 lernte sie den prominenten Virologen Peter Duesberg kennen. Der deutschstämmige Wissenschaftler von der University of California in Berkeley war einer der Stars in seinem Fach. Doch in der Zeit um die Entdeckung des HI-Virus 1984 geriet er auf eine seltsame Bahn und vertrat fortan bizarre Standpunkte. Er distanzierte sich unter anderem von seinen eigenen Forschungsergebnissen, wonach manche Viren eine Rolle bei der Entstehung von Krebs spielen können. Für diese Arbeiten, die bis heute von der Wissenschaft anerkannt sind und stetig weiterentwickelt werden, war Duesberg einst gefeiert worden. Eine seltsame Situation ergab sich: Die Wissenschaft verteidigte Peter Duesbergs frühere Arbeit, während er selbst dagegenargumentierte und sich eine alte, höchst fragwürdige Theorie zu eigen machte. Das seltsame Schauspiel gipfelte darin, dass Duesberg auch noch den Standpunkt einnahm, das HI-Virus könne nicht der Auslöser von Aids sein. Stattdessen machte er den Lebensstil junger HIV-Infizierter und andere seltsame Faktoren für die Krankheit verantwortlich, an der ja unbestreitbar Menschen starben.

Seine tatsächlichen Verdienste für die Wissenschaften sicherten dem Virologen auf Irrwegen immense Aufmerksamkeit und verliehen seinem Standpunkt zum HI-Virus bei zahlreichen Menschen Glaubwürdigkeit. Duesberg avancierte zum exponiertesten Vertreter der sogenannten Aids-Leugner. Noch immer ist er eine der Gallionsfiguren dieser weltweiten Bewegung und vertritt seinen Standpunkt von der großen Viren-Lüge – unbeeindruckt von allen Fakten und Beweisen.

Auch Christine Maggiore schenkte dem Mann Glauben, der da verkündete, ihre Infektion sei harmlos und führe keinesfalls zu einer Aids-Erkrankung. Sie wandelte sich zur Aids-Leugnerin. Ihr positives Testresultat schob sie wahlweise auf eine Grippeimpfung, auf ihre spätere Schwangerschaft, oder sie versuchte, die Infektion mit HIV als eine andere, dafür aber harmlose Viruserkrankung zu bagatellisieren. Niemand konnte sie von ihrem Standpunkt abbringen.

Wie viele Aids-Leugner lehnte Christine Maggiore insbesondere antiretrovirale Medikamente ab. Diese Arzneien verlängern das Leben HIV-infizierter Menschen um Jahrzehnte. Sie bieten außerdem einen guten Schutz davor, dass das Virus während der Schwangerschaft einer betroffenen Frau auf ihr ungeborenes

Kind übergeht. Die meisten Aids-Leugner propagieren hingegen, dass Aids nicht durch eine Infektion mit dem HI-Virus ausgelöst werde, sondern durch die antiretroviralen Medikamente selbst – die Behandlung der Krankheit soll also deren Auslöser sein. Der Pharmaindustrie sei lediglich daran gelegen, ihre Produkte zu verkaufen, und das funktioniere nur, wenn HIV als Auslöser von Aids angesehen werde. Wer diesen Zusammenhang ins Wanken bringe, der stelle das Geschäftsmodell dieser milliardenschweren Industrie in Frage – was die Pharmabranche mit allen Mitteln zu verhindern suche, lautet eine gängige Verschwörungstheorie der Aids-Leugner.

Christine Maggiore machte es sich zur Aufgabe, andere Menschen von ihrem Irrglauben zu überzeugen. Dazu gründete sie die Alive & Well Aids Alternatives Organisation. Sie trat bei Rockkonzerten vor großem Publikum auf, veröffentlichte ein Buch, betrieb Webseiten und organisierte ein Netzwerk von Mitstreitern. Mit Erfolg. Christine Maggiore wurde zu einer der prominentesten Figuren der Szene und scharte Anhänger um sich, die sie beinahe kultisch verehrten. Schlimmer noch: Sie überzeugte wohl zahlreiche HIV-Infizierte, auf ihre Medikamente zu verzichten.

Selbst als die Kalifornierin schwanger wurde, schien nichts ihren Glauben an die große Aids-Verschwörung der Pharmaindustrie zu erschüttern. Sie verzichtete auf die Einnahme jener Medikamente, die ihre Kinder vor einer HIV-Infektion hätten schützen können. 1997 gebar sie ihren Sohn Charlie und demonstrierte ihrem Publikum, dass sie selbst das lebte, was sie predigte: Bei Auftritten in der Öffentlichkeit mit ihrem Partner Robin Scovill, einem Filmemacher, stillte sie Charlie. Auch über die Muttermilch kann das HI-Virus übertragen werden.

Mit ihren Auftritten provozierte Christine Maggiore einen Aufschrei, doch das schien sie nicht zu kümmern. Als sie das zweite Mal schwanger war, zeigte das Magazin *Mothering* sie, ihren

Mann und ihren Sohn auf dem Titelbild einer Ausgabe – eine glückliche Familie aus Kalifornien. Auf Maggiores schwangerem Bauch prangte die durchgestrichene Bezeichnung eines gängigen antiretroviralen Wirkstoffes. *Mothering* wirbt damit, sich für einen natürlichen Lebensstil sowie naturnahe Schwangerschaften und Erziehungsstile einzusetzen – unter anderem bringt das Magazin regelmäßig Beiträge, in denen die Vorzüge von Naturheilmitteln und zum Beispiel Yoga gepriesen werden. Es gab Christine Maggiore ein Forum, um andere schwangere Frauen mit einer HIV-Infektion davon abzubringen, ihre ungeborenen Babys mit Medikamenten vor einer lebensgefährlichen Krankheit zu schützen.

Am 3. Dezember 2001 gebar sie ihre Tochter Eliza Jane Scovill. Ein properes, starkes Mädchen, wie Christine Maggiore berichtete. So wie ihr Bruder Charlie wurde auch Eliza Jane niemals auf den HI-Virus getestet. Und so wie bei Charlie hatte die Mutter während der Schwangerschaft auf antiretrovirale Medikamente verzichtet und bestand später darauf, ihr Kind bei öffentlichen Auftritten zu stillen. Ihre Muttermilch sei keine Gefahr, sondern enthalte vielmehr wertvolle Stoffe, ohne die sich das Immunsystem ihrer Tochter nicht würde entwickeln können, behauptete sie. Mutter und Vater verzichteten auch auf die empfohlenen Impfungen für ihre Kinder und vertrauten vor allem auf Angebote aus der Alternativmedizin, auf die sie andere Aids-Leugner hinwiesen. Die wissenschaftliche Medizin und alle ihre Therapien lehnte das Paar pauschal ab.

Im Alter von drei Jahren erkältete sich Eliza Jane. Ihre Nase lief, sie musste husten – die normalen Symptome eines Allerweltleidens. Christine Maggiore ging mit ihr zu einem Kinderarzt. Offenbar war sie sehr besorgt, denn innerhalb einer Woche brachte sie das Mädchen zu zwei weiteren Ärzten. Eliza Jane hatte mittlerweile Fieber und eine Ohrenentzündung. Den Kinderärzten verschwieg Christine Maggiore ihre eigene Krankheitsgeschichte und dass ihre Tochter ebenfalls das HI-Virus in sich tragen könnte.

Eliza Jane schien sich nicht zu erholen, und ihre Mutter reagierte offenbar mit Misstrauen gegen die Ärzte, die ihr Kind untersucht hatten. Sie wandte sich an einen Alternativmediziner aus Denver, der ebenfalls den Zusammenhang von HIV und Aids leugnete und Mitglied ihrer Alive & Well Aids Alternatives Organisation war. Dieser Arzt sah keinen Grund zur Sorge, das Mädchen sei nicht ernsthaft krank. Weil sich die Mittelohrentzündung aber nicht besserte, verschrieb er Amoxicillin, ein Antibiotikum, das Kindern häufig gegeben wird. Es war das erste Mal in ihrem Leben, dass Eliza Jane ein normales, verschreibungspflichtiges Medikament bekam.

Drei Wochen nachdem ihre Nase zu laufen begonnen hatte, kollabierte das Mädchen und starb binnen Stunden. Die Autopsie ergab, dass Eliza Jane einer durch Aids begründeten Lungenentzündung zum Opfer gefallen war. Ihr Gehirn zeigte deutliche Spuren einer von HIV verursachten Encephalitis, und ihre Lungen waren von einem Pilz befallen, der bei sehr vielen Aids-Toten zu finden ist. Der Autopsiebericht beschrieb ein Kind, dessen Körper deutliche Spuren chronischer Krankheit offenbarte. Es war untergewichtig und deutlich zu klein für sein Alter. Der verantwortliche Gerichtsmediziner James Ribe vom Los Angeles Coroner's Office bezeichnete die Ergebnisse als eindeutig und frei von Zweifel: Eliza Jane war an Aids gestorben. Sie war dreieinhalb Jahre alt geworden.

Ließ dieser Schicksalsschlag das Lügengebäude platzen, in dem Christine Maggiore seit Jahren lebte? Nein. Die Untersuchungsergebnisse seien politisch motiviert, behauptete sie; man wolle ihre Arbeit torpedieren und habe nur versucht, Argumente gegen sie zu sammeln. Sie wandte sich an einen Veterinärtoxikologen, der ebenfalls Mitglied in ihrer Alive & Well Aids Alternatives Organisation war, damit er die Obduktion überprüfte. Tatsächlich sollte er Christine Maggiore wohl einen Grund dafür liefern, an ihrem Irrglauben festhalten zu können, dass HIV und Aids nichts miteinander zu tun hätten.

Der Experte für Vergiftungen bei Tieren deutete auf das Antibiotikum und behauptete, Eliza Jane sei an einer allergischen Reaktion auf Amoxicillin gestorben. Dieser Vorwurf passte in das Weltbild von Christine Maggiore, für die Medikamente nichts als gefährliches Gift einer raffgierigen Industrie waren: Nur ein einziges Mal habe sie ihre Tochter mit einem Mittel der Mainstreammedizin behandelt, sagte sie *Abc Primetime*, und das habe Eliza Jane das Leben genommen.

Am 27. Dezember 2008 starb Christine Maggiore im Alter von 52 Jahren, dreieinhalb Jahre nach ihrer Tochter. Die Sterbeurkunde verzeichnete eine generalisierte Infektion mit einem Herpesvirus, eine beidseitige Lungenentzündung und eine Pilzinfektion der Mundhöhle. Höchstwahrscheinlich handelte es sich dabei um sogenannte opportunistische Infektionen, die bei einer Aids-Erkrankung durch den Zusammenbruch des Immunsystems des Patienten auftreten und letztlich zum Tode führen. Christine Maggiore war an Aids gestorben, 16 Jahre nachdem eine HIV-Infektion bei ihr diagnostiziert worden war. Antiretrovirale Medikamente hätten ihren Tod lange hinauszögern und die Infektion ihrer Tochter mit großer Sicherheit verhindern können. Sie war Opfer ihres Irrglaubens geworden und hatte ihre Tochter mit ins Grab genommen.

Diesmal waren es die Anhänger Christine Maggiores, die sich nicht in ihrem Glauben erschüttern ließen. Sie machten sich auf die Suche nach Argumenten, um das Offensichtliche nicht wahrhaben zu müssen. Statt der wissenschaftlichen Medizin beschuldigten sie nun die Alternativmedizin: Maggiore sei an den Folgen einer toxischen ganzheitlichen Therapie gestorben, der sie sich kurz vor ihrem Tod unterzogen hatte. Dann hieß es, Stress, eine Erkältung oder die Grippe hätte ihren Tod verursacht. Alles durfte als Begründung herhalten, nur nicht HIV und Aids.

Christine Maggiore und ihre Anhänger demonstrierten, wie sehr man sich in eine Idee verrennen kann. Wie leicht es Menschen fällt, Begründungen für Mythen, Irrtümer und völlig wahnsinnige Vorstellungen zu finden. Und wie immun Menschen gegen alle Versuche sein können, sie mit den Fakten vertraut zu machen und sie zu der Einsicht zu bringen, dass sie einem Fehler aufgesessen sind.

Dieses Buch trägt den Titel «Starrköpfe überzeugen» – ist das Beispiel von Christine Maggiore hier also nicht fehl am Platz? Schließlich konnte nichts und niemand diese Frau von ihrem Glauben an die Thesen des Aids-Leugners Peter Duesberg abbringen – nicht einmal der Tod der eigenen Tochter. Was könnten also Diskussionen und Argumente da ausrichten? Richtig, ziemlich sicher nichts. An diesen besonders betonharten Starrköpfen müssen wir uns nicht abarbeiten, das wäre vergebens. Dennoch taugt der Fall Christine Maggiore als Beispiel: So wie sich die Aktivistin aus Kalifornien gegen alle Argumente und Fakten sperrte, so verteidigen viele Menschen Irrtümer in ihrem Alltag. Es handelt sich keinesfalls um ein Problem, das nur sehr wenige, vermutlich verschrobene Menschen betrifft.

In den vermeintlich aufgeklärten westlichen Demokratien sind Mythen und Irrtümer allgegenwärtig. In den USA glaubte zeitweise die Mehrheit der Teilnehmer an den Vorwahlen der Republikanischen Partei, dass der amtierende Präsident Barack Obama nicht in den USA geboren worden sei. Stimmte das, dann wäre Obama unrechtmäßig in das höchste Amt der USA gewählt worden. Denn um Präsident werden zu können, muss man auf amerikanischem Boden geboren worden sein. Obama gab irgendwann dem Druck der sogenannten Birthers nach und veröffentlichte seine Geburtsurkunde. Sie bewies, dass er am 4. August 1961 in der Klinik in der Bingham Street 1611 in Honolulu, Hawaii, USA, geboren wurde. Die Birthers zeigten sich unbeeindruckt und propagierten weiterhin die Lüge von der unrechtmäßigen Präsidentschaft.

Im Jahr 2004 glaubten etwa 45 Prozent der US-Amerikaner, dass Gott den Menschen in seiner heutigen Gestalt erschaffen hat – und dass dieser Schöpfungsakt nicht länger als 10 000 Jahre her sein kann. Die sogenannten Kreationisten vertreten ihren Standpunkt längst nicht mehr nur in Kirchen und christlichen Schriften. In den USA tobte in den vergangenen Jahren ein regelrechter Kulturkampf: Im Zentrum der Auseinandersetzungen stand der Wunsch kreationistischer Eltern und christlicher Lehrer, dass die biblische Schöpfungsgeschichte im Biologieunterricht gleichberechtigt neben der Evolutionstheorie nach Charles Darwin gelehrt wird.

Die Amis spinnen sowieso, da muss man sich nicht wundern? Auch in Deutschland arbeiten christliche Gruppen daran, verschiedene Spielarten des Kreationismus in Schulen und Universitäten zu verankern, ihrer Lehre einen wissenschaftlichen Anstrich zu geben und Zweifel an der Evolutionstheorie zu verbreiten. Dennoch: Amerikanische Debatten werden in Europa häufig mit Kopfschütteln verfolgt. Die Fehler anderer erkennen wir mit Leichtigkeit und zerlegen sie mit großer Präzision. Der Blick auf uns selbst ist hingegen versperrt oder wenigstens neblig.

Blicken wir deshalb einmal umgekehrt von den USA aus in Richtung Europa. In Deutschland existiert auf vielen Abschnitten der Autobahn kein Tempolimit, sodass dort zumindest theoretisch mit Geschwindigkeiten weit jenseits der 200 Kilometer pro Stunde gefahren werden kann? Im Land der Waffennarren und Sturmgewehre reagieren viele darauf mit großem Befremden. Und die Auseinandersetzungen in Deutschland zwischen Gegnern und Befürwortern eines generellen Tempolimits auf Autobahnen ähneln der Diskussion über das Waffenrecht in den USA: Alle Argumente sind seit Jahrzehnten ausgetauscht, werden wiederholt, und nichts rührt sich.

Betrachten wir ein weiteres Beispiel, das sich erst aus der Perspektive Amerikas erschließt. Erinnern wir uns: Dass die Menschheit das Klima der Erde verändert, darüber herrscht in der Wissenschaft ein breiter Konsens. Nur die Amis, die zweifeln trotzdem an der Realität der globalen Erwärmung, oder? Nun, es existiert ein weiterer Bereich, in dem sich die Wissenschaft in ähnlichem Maße einig ist. Der Verzehr gentechnisch veränderter Lebensmittel ist für den Menschen unbedenklich. Die Mehrheit der Europäer lehnt diese Aussage jedoch heftig ab. Sie empfinden Mais, in den zur Abwehr von Schädlingen Gene eines Bakteriums eingebaut wurden, als zutiefst unnatürlich und bedrohlich. In vielen Staaten der EU ist der Anbau gentechnisch veränderter Pflanzen verboten; auf den Packungen zahlreicher Lebensmittel versichern die Hersteller, das Produkt sei garantiert frei von Gentechnik. In den USA wundert man sich mehrheitlich über die als hysterisch empfundenen Ängste der Europäer. Längst nicht alle offenen Fragen rund um gentechnisch veränderte Lebensmittel und Pflanzen sind geklärt, doch die halbe Welt isst diese Nahrung seit vielen Jahren – mit einem Achselzucken und ohne offensichtlichen Schaden.

Also, wer ist nun irrational, die Amerikaner oder die Europäer? Natürlich beide, nur die umstrittenen Themen und der Inhalt vieler Mythen unterscheiden sich. Die erbitterten Diskussionen gleichen sich hingegen. Seit Jahrzehnten stehen sich zum Beispiel Anhänger der Homöopathie, Akupunktur oder sonstiger Spielarten alternativer Therapien sowie die wissenschaftliche Medizin unerbittlich gegenüber. Unter den Kriegsbannern von «Alternativmedizin» und «Schulmedizin» haben sich die Kombattanten in ihren Schützengräben verschanzt und feuern Argumente aufeinander. Ob eine der Seiten Geländegewinne erzielt, ist für unbeteiligte Beobachter schwer zu sagen. Die Diskussionen über die Homöopathie in Online-Foren oder im Kommentarbereich großer Nachrichtenseiten beispielsweise sind hochgradig frustrierend: Dort werden fast reflexartig immer die gleichen Argumente und Gegenargumente ausgetauscht. Wer diese Auseinandersetzungen verfolgt, der bemerkt, dass es auch meist die gleichen Diskutanten sind, die dort teils über Jahre jeden Anlass nutzen, um sich die gleichen Sätze um die Ohren zu hauen.

Mit Impfgegnern geraten mittlerweile mehr oder wenige alle Eltern in Kontakt, sobald ihr erstes Kind auf die Welt gekommen ist – Diskussionen über Immunisierungen gehören fest zum Curriculum der Elternschaft. Vor allem die These des britischen Arztes Andrew Wakefield, wonach die Masern-Mumps-Röteln-Impfung Autismus auslösen könne, hat eine andauernde Hysterie ausgelöst. Dabei ist Wakefield längst widerlegt, seine ursprüngliche Studie aus dem Jahr 1998 als Fälschung entlarvt worden. Er hatte Geld von einer Interessenvereinigung angenommen, die genau den von ihm behaupteten Zusammenhang belegt haben wollte. Die These ist widerlegt, ihr Autor diskreditiert, und doch erfährt Andrew Wakefield von Impfgegnern auf der ganzen Welt noch immer Unterstützung.

Harmloser ist der Gedanke, den Alex Osborn 1948 von der Leine ließ und der bis heute im Berufsalltag vieler Menschen eine Rolle spielt. Damals veröffentlichte der Werbefachmann ein Buch mit dem Titel «Your Creative Power», in dem er in einem Kapitel das Konzept des Brainstormings entwickelte. Um viele und möglichst gute Ideen zu produzieren, möge man sich in einer Gruppe zusammensetzen und ein Feuerwerk der Kreativität abbrennen und sagen, was einem in den Sinn kommt – nur dürfe niemand die Gedanken der anderen kritisieren, sonst sei alles erlaubt. Das Konzept hört sich plausibel an, und erinnert sich nicht fast jeder an ein Brainstorming, das den entscheidenden Geistesblitz hervorgebracht hat? Doch seit mehr als 50 Jahren ist klar, dass Brainstorming nicht funktioniert – die Gruppenmitglieder blockieren sich gegenseitig. Die psychologische Forschung hat gezeigt, dass Menschen weniger und schlechtere Ideen produzieren, wenn sie auf die Technik von Alex Osborn vertrauen, als wenn sie sich auf andere Art oder gar alleine Gedanken machen.

Ändert diese Erkenntnis aus mittlerweile zig Studien etwas? Nein, in den Büros der Welt werden weiter Brainstormings angesetzt. Auch der prognostische Wert sogenannter Assessment Center ist widerlegt. Mit Hilfe dieser Verfahren hoffen Firmen, die optimalen Kandidaten für offene Stellen zu finden. Die Bewerber werden in teils tagelangen Diskussionsrunden, Rollenspielen und anderen Aufgaben geprüft. Und am Ende setzen sich doch die Schwätzer und Selbstdarsteller durch. Auch das ist in zahlreichen Studien belegt, und auch das kümmert offenbar niemanden – Personalchefs setzen weiterhin auf Assessment Center.

Im Privaten blühen Mythen und Irrtümer ohnehin. Männer können nicht zuhören, Frauen nicht einparken? Mädchen sind schlechter in Mathe, und Jungs sind von der Natur mit einer Leseschwäche gestraft? Männer denken ständig an Sex und schweigen, während Frauen quasseln und selten Lust auf körperliche Liebe spüren? Und das verflixte siebte Jahr, auweia, da sollte jedes Paar besonders auf der Hut sein? Unsinn, alles blanker Unsinn. Trotzdem geistern auch solche Vorstellungen im Alltag durch unsere Köpfe.

Leugner von Aids und Klimawandel, die Debatte um Gentechnik und homöopathische Kügelchen, die Impfdiskussion und seltsame Ansichten über Männer und Frauen in einen Topf zu werfen mag auf den ersten Blick bizarr wirken. Doch alle diese

Beispiele zeigen, dass es nicht genügt, ausschließlich die Fakten auf den Tisch zu legen. Wie aber lassen sich Starrköpfe dann überzeugen?

Wir müssen uns mit der Psyche der Starrköpfe (und der aller anderen Menschen) beschäftigen. Die entscheidende Frage lautet nicht: Ist etwas wahr? Sondern sie lautet: Fühlt sich etwas wahr an? Viele unserer Meinungen könnten wir kaum mit Fakten belegen. Wir haben sie einfach, wir sind von ihnen überzeugt. Das Hauptaugenmerk dieses Buches liegt darauf, die Bedingungen zu entschlüsseln, unter denen sich etwas richtig anfühlt. Was fördert diese Wahrheits-Illusionen, und wie lassen sie sich nutzen und einsetzen? Mit welchen Psychotechniken erreichen wir, dass ein Starrkopf wenigstens zuhört, anstatt seine geistigen Zugbrücken reflexartig zu schließen und sich hinter den Bollwerken der eigenen Meinungen und der eigenen Weltsicht zu verschanzen? Dazu werden Techniken und Handreichungen geliefert, wie Diskussionen gestaltet und wie Informationen dargestellt werden sollten, um Überzeugungskraft zu entfalten.

Dass dabei viele Beispiele und zahlreiche Geschichten aus den Untiefen der Verschwörungstheorien, der Esoterik und der sogenannten Alternativmedizin angeführt werden, hat einen simplen Grund: An ihnen lassen sich die grundsätzlichen Mechanismen verdeutlichen. Zahlreiche der geschilderten Techniken eignen sich jedoch auch, um in Diskussionen mit dem Lebenspartner oder dem Chef zu bestehen. Denn bei Auseinandersetzungen mit dem Lebenspartner treffen in der Regel zwei Starrköpfe aufeinander. Und der Chef? Der wehrt sowieso nur alles ab, oder? Ob Sie Ihren Mann, Ihre Frau oder Ihre Vorgesetzten überzeugen werden, liegt an Ihnen (und Ihrem Anliegen). Doch hoffentlich hilft dieses Buch dabei, ein paar Fehler zu vermeiden.

Am Ende steht das große Ziel: die Starrköpfe dieser Welt zu überzeugen. An dieser Stelle müssen wir ehrlich sein. Es wird oft extrem schwer, ja, es ist manchmal fast unmöglich, dieses Ziel zu erreichen. Das bedeutet nicht, dass wir es unversucht lassen sollten. Als erster Mensch den Mount Everest zu besteigen war auch eine extreme Herausforderung – Edmund Hillary und Tensing Norgay haben es trotzdem geschafft. Nicht nur, weil sie daran geglaubt haben, sondern vor allem, weil sie Fehler vermieden haben, gut vorbereitet waren und auf die richtige Ausrüstung gesetzt haben. Und auch, weil sie an weniger mächtigen Bergen zuvor geübt hatten. Was das für Sie bedeutet? Falls Sie sich wirklich an ganz üblen Betonköpfen abarbeiten wollen, dann schärfen Sie Ihre Fähigkeiten zunächst im Umgang mit Diskussionspartnern, deren Überzeugungen weniger unerschütterlich sind.

Das nötige Rüstzeug ziehen Sie aus den folgenden zwei Teilen dieses Buches. Um die Expedition vorzubereiten, werfen wir zunächst einen Blick in den Geist der Starrköpfe: Warum glauben ansonsten vernünftige Menschen an Dinge, die für Unbeteiligte offensichtlicher Schwachsinn sind? Wie ticken Starrköpfe? Im zweiten Teil, «Starrköpfe überzeugen», folgt die praktische Umsetzung der Mission Überzeugung: Psychologen wissen, mit welchen Mitteln dem Starrkopf beizukommen ist und welche Schlüssel in die versperrten Türen von Fundamentalisten, Verschwörungstheoretikern, Partnern und Chefs passen.

WIE STARRKÖPFE TICKEN

Nebelkerzen im Kopf: Vergiss die Vernunft

Warum wechselt die Tennisspielerin Serena Williams ihre Socken nicht, solange sie ein Turnier spielt? Zumindest hat sie selbst das einmal erzählt. Die Frage könnte aber auch lauten: Wieso zieht der Golfer Tiger Woods bei Turnieren sonntags am liebsten ein rotes Hemd an? Und weshalb trug der Basketball-Superstar Michael Jordan unter dem Trikot immer seine alten Shorts aus Uni-Zeiten? Ganz einfach: Diese Marotten verleihen den Sportlern Sicherheit. Aus irgendeinem Grund betrachten sie die Kleidungsstücke als Erfolgsgaranten – und tatsächlich beeinflusst so etwas mitunter die Leistung von Spitzensportlern.

Die Psychologen Robert Michael und Maryanne Garry von der Universität Wellington in Neuseeland sowie Irving Kirsch von der Harvard Medical School haben Studien über ähnliche Formen der Suggestion und Autosuggestion zusammengetragen und ein Schlaglicht darauf geworfen, welche absonderlichen Kleinigkeiten unsere Wahrnehmung und unser Denken beeinflussen. Nicht alle Beispiele sind allerdings derart offensichtlich wie die von den Glücksbringern im Spitzensport. Oft handelt es sich um subtile Signale, die suggestive Kraft entfalten – und zwar ohne dass der Mehrzahl der Menschen bewusst wird, was da mit ihnen geschieht.

Wer seine Sportsocken über mehrere Tage zu einem Anschlag

auf die Nase verkommen lässt, möchte nach einem ersten Sieg unter möglichst exakt gleichen Bedingungen ins nächste Match gehen. So werden zufällige Objekte oder Verhaltensweisen mit einem Erfolg in Verbindung gebracht und mit der Erwartung versehen, dass er sich durch sie wiederholen lässt. «Wenn wir ein bestimmtes Ereignis erwarten, dann setzen wir automatisch eine ganze Kette von Denkmustern und Verhaltensweisen in Gang, die dieses Ergebnis eintreten lassen – nur dass wir die Ursache dafür falsch bewerten», schreiben die Psychologen um Robert Michael in ihrer Arbeit.

Das mag banal sein, doch die einzelnen Beispiele dafür, wie sehr die Erwartung das Erleben und das Denken von Menschen beeinflusst, bleiben beeindruckend. Zum Beispiel produzieren gegensätzliche Erwartungen bei einer Aufgabe auch gegensätzliche Ergebnisse. So gaben Wissenschaftler Probanden manipulierte Wodka-Tonics, die keinen Alkohol enthielten, aber so schmeckten. Die Testpersonen erwarteten, dass der Alkohol ihre Sinne benebeln würde – und tatsächlich ließen sie sich in einem Versuch eher von verwirrenden Informationen irritieren. In einem weiteren Test ergab sich das gegenteilige Bild: Diesmal nahmen Probanden ein wirkungsloses Mittel in dem Glauben ein, es handele sich um ein Medikament, das die Leistungsfähigkeit von Soldaten im Einsatz steigere. Unter diesen Umständen waren die Probanden konzentriert und kaum empfänglich für die verwirrenden Informationen, die ihnen präsentiert wurden.

Diese Art von Studien haben Psychologen in den vergangenen Jahren in beeindruckender Zahl publiziert: Die gleiche Schokolade schmeckt besser, wenn man glaubt, sie stamme aus der Schweiz statt aus China. Ein Energydrink zum vollen Preis lässt einen mehr Aufgaben lösen als ein preisreduziertes Getränk. Ein Placebo steigert die Leistung von Sportlern, Wein schmeckt besser, wenn er angeblich teuer war. Und auch Arzneien wirken stärker, wenn sie viel kosten. Ein Medikament wird außerdem als stimulierend empfunden, wenn diese Erwartung bei Patienten zuvor geweckt wurde, obwohl der Wirkstoff tatsächlich entspannend wirkt. Und Lehrer fördern jene Schüler besonders, von denen sie eine hohe Meinung haben, ohne dass dieses Verhalten den Lehrern bewusst oder es für andere offensichtlich ist. Erwartungen übertragen sich sogar: Das Verhalten von Richtern im Gerichtssaal kann die Meinung der Geschworenen auf Linie bringen. Die Liste ließe sich schier endlos fortführen.

Nur wie lassen sich diese Effekte erklären? Laut Irving Kirsch verändern die Erwartungen eines Menschen unmittelbar, wie er seine inneren Zustände erlebt. Wer intensiv in sich hineinhorcht, hört also quasi das Echo seiner Vorstellungen davon, was er dort hören sollte. Introspektion dieser Art ist gleichbedeutend mit der Suche nach bestätigenden Informationen. Wer eine vermeintlich leistungsfördernde Pille geschluckt hat, macht sich auf die Suche nach Signalen für besondere geistige Wachheit. Er wird Hinweise finden und ein falsches Urteil über die Kausalität fällen: Statt der mit erhöhter Konzentration betriebenen Selbstbespiegelung gilt das zuvor geschluckte Mittel als Auslöser des erlebten Zustands – nämlich der erhöhten Konzentration. Das Erleben wird mit der Erwartung in Einklang gebracht.

Aber was hat das alles mit der Überzeugung von Starrköpfen zu tun? Diese Beispiele aus dem Anekdoten- und Studienkasten der Psychologie verdeutlichen eines: Wir sind mitnichten die vernunftbegabten Wesen, für die wir uns halten. Unzählige Kleinigkeiten beeinflussen, wie wir Situationen wahrnehmen; welche Eindrücke für uns relevant sind; worauf wir unsere Aufmerksamkeit lenken; welche Vorstellung wir von Kausalitäten haben und so weiter. Das gilt leider auch für unsere Meinungen, Einstellungen und Überzeugungen sowie für die Art und Weise, wie wir mit Informationen umgehen.

Einen Aids-Leugner von seiner Meinung abzubringen, den Chef für eine ungewöhnliche Idee zu gewinnen oder den Partner dazu zu bewegen, die Aufgabenverteilung im Alltag anders zu regeln, hängt deshalb nicht in erster Linie davon ab, nur die richtigen Fakten zu erwähnen. Für den Erfolg des Unternehmens Überzeugung ist es viel bedeutender, *wie* diese Fakten präsentiert werden. Auf welche Vorstellungen sie prallen, welche Denkprozesse dabei eine Rolle spielen.

Nehmen wir an, ein Gegner und ein Befürworter der Grünen Gentechnik diskutieren miteinander. Beide sind keine Wissenschaftler, die in diesem Bereich arbeiten, aber beide haben eine ausgeprägte Meinung dazu. Die Diskussion dreht sich um Risiken und Chancen, es fallen Begriffe wie «Monsanto» oder «Zukunft der Ernährung». Beide Kontrahenten haben sich ein bisschen mit dem Thema beschäftigt. Nun führen sie Studien ins Feld, um ihren Standpunkt zu unterstützen. Doch die Gegenseite bleibt unbeeindruckt und erklärt, warum die erwähnte Studie nichts tauge, das Gegenteil aussage oder sowieso von einer Interessengruppe bezahlt worden sei. Die Auseinandersetzung ist hitzig, und beide Seiten haben das Gefühl, es mit einem Starrkopf zu tun zu haben, der einfach nicht kapiert, worum es geht – der die Fakten nicht im Kopf hat. Dabei haben die beiden Diskutanten zum einen selbst nicht alle relevanten Informationen parat, zum anderen interpretieren sie mutmaßlich die gleichen Aussagen einfach auf gegensätzliche Weise – jeder in seinem Sinne.

Die meisten Wissenschaftler glauben immer noch, dass Menschen an Irrtümern und Mythen festhalten, weil sie nicht über die relevanten Informationen verfügen. Wenn sie doch nur auf deren Grundlage logisch nachdächten, so die Überlegung, würde sich die Qualität ihrer Urteile und Entscheidungen schon verbessern. Der Schluss ist verlockend, aber leider falsch. Seth Kalichman gibt in seinem Buch «Denying Aids. Conspiracy Theories, Pseudoscience, and Human Tragedy» zu bedenken, dass zum Beispiel Holocaust-Leugner sehr vertraut mit der Geschichte des Zweiten Weltkrieges seien, so wie sich HIV-Leugner recht gut mit der Wissenschaft von Aids auskennen. Sie ziehen aus den Informationen schlicht die falschen Schlüsse.

Mehr noch: Zu viele Informationen schaden der Aufklärung sogar. Der deutsche Psychologe Norbert Schwarz von der Universität Michigan hat gezeigt, dass eine geringe Faktendosis mehr Wirkung entfaltet: Drei Gegenargumente erzielten in einem Versuch größere Überzeugungskraft als zwölf. Die größere Zahl von Argumenten festigte den Mythos, statt ihn zu entkräften. Dieser Effekt entstehe, weil es einer größeren Anstrengung bedürfe, sich mit einer Vielzahl von Argumenten auseinanderzusetzen. Schwarz zieht daraus einen klaren Schluss: Aufklärungskampagnen sollten nicht ausschließlich danach konzipiert werden, reine Informationen zu verbreiten. Stattdessen müsse die Frage, *wie* die Fakten präsentiert werden, viel stärker beachtet werden. Wir berücksichtigen Informationen nämlich nicht mit der eigentlich notwendigen Kühle. Stattdessen spielen unsere Gefühle eine wesentliche Rolle.

Es lohnt sich, das ein wenig zu vertiefen. Der amerikanische Psychologe Paul Slovic hat untersucht, wie Laien und Experten die Risiken neuer Technologien bewerten. Slovic zufolge ist Risikobewertung hochgradig subjektiv und repräsentiert eine Mischung aus Wissenschaft und wichtigen psychologischen, sozialen, kulturellen und politischen Faktoren. Besonders wirkmächtig scheinen die Emotionen zu sein: Sie beeinflussen fundamentale psychologische Prozesse wie Aufmerksamkeit, Gedächtnis oder die Verarbeitung von Informationen. Wie Paul Slovic beobachtet hat, steuern Affekte Einschätzungen, die Menschen abgeben – und nicht umgekehrt. Am Anfang steht das Gefühl, dann folgt die Bewertung. Das klingt deprimierend, ist es auch.

Slovic und sein Team ließen Probanden verschiedene Technologien bewerten, etwa Atomkraftwerke, Automobile, Pestizide oder die zivile Luftfahrt. Fiel die affektive Bewertung einer Technologie (also die Frage, ob man sie eher irgendwie gut oder schlecht findet) positiv aus, dann schrieben die Befragten ihr geringe Risiken und einen großen Nutzen für die Gesellschaft zu. Hatten sie eher eine negative Einstellung, dann hielten sie die jeweilige Technik auch für hochgradig riskant und ihren potenziellen Nutzen zugleich für geringer. Und ja, das galt für Laien wie für Experten. Mitglieder der Britischen Toxikologischen Gesellschaft reagierten nämlich ganz ähnlich: Auch sie stuften Substanzen und Technologien als nützlich und harmlos ein, wenn sie eine positive Einstellung dazu hatten.

In einer weiteren Studie konfrontierte Paul Slovic seine Probanden mit zwei Aussagen:

- «Stimmen Sie zu oder lehnen Sie ab: Die Reaktion eines Tieres auf eine chemische Substanz ist ein zuverlässiger Indikator dafür, wie ein Mensch auf die gleiche Chemikalie reagieren würde.»
- «Stimmen Sie zu oder lehnen Sie ab: Wenn eine wissenschaftliche Studie Hinweise liefert, dass eine chemische Substanz bei Tieren Krebs verursacht, dann können wir recht sicher sein, dass diese Chemikalie auch bei Menschen Krebs auslösen wird.»

Der Inhalt der beiden Aussagen ähnelt sich sehr stark, die zweite ist lediglich spezifischer. Doch die Reaktion der Befragten fiel sehr unterschiedlich aus: Der ersten, allgemeineren Aussage stimmte nur gut die Hälfte der Befragten zu, der zweiten hingegen etwa 70 Prozent.

Das kann mehrere Gründe haben. Die allgemeine Fragestellung weckt unbestimmte Assoziationen zu Tierversuchen, die bei den meisten Menschen negativ besetzt sind. Gleichzeitig ist die Aussage allgemein gehalten und lässt unklar, welchen unmittelbaren Nutzen man aus ihr ziehen könnte. Wenn die Hälfte der Befragten sie ablehnt, kann das also daran liegen, dass sie darin eine Rechtfertigung von Tierversuchen ohne plausiblen Nutzen sieht. Die konkrete Aussage löst wahrscheinlich ebenfalls negative Affekte aus, aber in Bezug auf Krebs und Chemikalien. Wenn die Probanden hier Tierversuche assoziiert haben sollten, dann hätten sie leichter einen potenziellen Nutzen darin erkennen können – nämlich krebserzeugende Substanzen ausfindig zu machen. Ein zweiter wahrscheinlicher Erklärungsansatz ist, dass sich der konkrete Einzelfall leichter vorstellen lässt.

Wir alle ziehen demnach unsere Emotionen zu Rate, um Urteile zu fällen und Entscheidungen zu treffen – ohne es zu merken. Wir stellen uns die Frage: «Finde ich das gut oder schlecht?», wo eigentlich die richtige Frage wäre: «Wie sieht die Faktenlage aus?» So verhalten wir uns sogar, wenn der Preis einer Fehlentscheidung hoch ist. Auch das klingt unglaublich. Sollten wir in solchen Fällen nicht ausreichend motiviert sein, uns eingehend mit allen relevanten Informationen zu beschäftigen, und Wert darauf legen, Fakten und Fiktionen auseinanderzuhalten? Nein, Psychologen haben keine Anhaltspunkte dafür gefunden. Mit anderen Worten: Wir kaufen ein Smartphone, ohne die Frage zu klären, ob wir das Gerät wirklich brauchen und ob wir uns das vor allem leisten können. Wir ändern unser Vorgehen auch nicht nennenswert, wenn wir ein Haus kaufen und uns für 30 Jahre oder mehr verschulden. Zwar werden dann ein paar mehr Überlegungen und Rechnungen angestellt, aber am Ende ist doch die Frage entscheidend, ob sich das «irgendwie gut anfühlt».

Ähnlich agieren wir als Patienten. Wir vertrauen bei einer harmlosen Erkältung auf Präparate, von denen wir wenig wissen, und nehmen sie, weil sie als natürlich gelten, als sanft, oder weil ein anderes positiv besetztes Attribut mit der Arznei verknüpft wird. Ob sie wirkt oder nicht, ist damit nicht gesagt. So verhalten sich manchmal auch Menschen, die an einer lebensbedrohlichen Krankheit leiden. Die Hoffnung auf Heilung treibt sie in die Fänge unseriöser Anbieter. Selbst in einer Situation, in der es tatsächlich um Leben und Tod geht, bestimmen also eher die Gefühle. Statt nach den Fakten zu verlangen und nach der Therapie zu fahnden, die bei wissenschaftlichen Wirksamkeitsprüfungen die besten Ergebnisse gebracht hat, lassen wir uns davon leiten, dass sich etwas besser anfühlt als etwas anderes.

Wir pfeifen auf die Fakten, wir glauben einfach. Und manche Dinge glauben wir eher als andere, etwas Angenehmes lieber als etwas Unangenehmes. Um das auf Mythen und Fakten zu beziehen: Wir akzeptieren eine Aussage eher, wenn sie von positiven Gedanken begleitet wird. Etwa, dass man sich bestätigt fühlt oder die Vorstellung gestützt wird, man sei ein toller Chef und ein liebevoller Partner. Experimente haben gezeigt, dass Menschen ihre Anforderungen an Beweise verändern, je nachdem wie sehr eine Schlussfolgerung für sie erwünscht oder angenehm ist. Hängen sie einer Idee an, braucht es keine besonderen Beweise, lehnen sie diese ab, muss hingegen schweres Geschütz ran.

Das lässt sich an der Diskussion um den Wert von Bio-Lebensmitteln zeigen. Aus zahlreichen Gründen gelten diese als konventionellen Nahrungsmitteln überlegen – in vielen Bereichen zu Recht. Bei der Tierhaltung können Öko-Erzeuger zum Beispiel punkten. Trotzdem sind Bio-Lebensmittel nicht zwingend gesünder als konventionell erzeugte. In großen Studien hat sich mehrmals gezeigt, dass Gemüse, Obst und andere Produkte aus ökologischer Erzeugung keinesfalls mehr Vitamine oder andere erwünschte Stoffe enthalten. Diese Nachrichten werden jedoch oft heftig kritisiert und angezweifelt. Viele Menschen sind eben überzeugt, dass Bio irgendwie besser ist, besser sein muss. Da dient jeder Lebensmittelskandal – und sei es Pferdefleisch in der Fertiglasagne – als Beweis für die Überlegenheit von Öko-Produkten, auch wenn beide Dinge nichts miteinander zu tun haben.

Dahinter stecken offenbar zwei verschiedene Denkmuster oder Fragen, mit denen Menschen an Informationen herangehen: Entweder «Kann ich das glauben?» oder «Muss ich das wirklich glauben?». Psychologen haben mehrmals gezeigt, dass es Menschen leichter gelingt, Dinge zu glauben, von denen sie sich wünschen, dass sie wahr sind. Das illustriert der ehemalige Aids-Aktivist Wistone Zulu aus Sambia, der in Südafrika eine prominente Figur war. Er erinnerte sich an die Zeit, als er dem Gedankengut der Aids-Leugner anhing: «Was für mich als jemand, der mit einer HIV-Infektion leben muss, am wichtigsten war, war, zu hören, dass HIV kein Aids auslöst. Das war schön. Natürlich ist das, wie Geld zu drucken, wenn die Wirtschaft ohnehin schon am Abschmieren ist. Oder in die Hose zu pinkeln, wenn es draußen zu kalt ist: Es tut eine Weile gut und führt langfristig zu einer Katastrophe.»

Bei vielen Mythen könnte man sich wünschen, sie wären wahr. Wäre es nicht schön, wenn sich mit billigen Zuckerkügelchen ohne jedes Wirkstoffmolekül tatsächlich Krankheiten heilen ließen – nebenwirkungsfrei? Impfungen überflüssig wären? Kosmische Wesen auf uns achtgäben und jederzeit ein offenes Ohr für unsere Nöte hätten? Wir als Menschheit tatsächlich leben könnten, ohne die Natur zu beeinträchtigen? Man im Beruf tatsächlich stets gute Arbeit ablieferte und auch im Haushalt ohne Fehl und Tadel wäre? Ja, das wäre alles ziemlich prima. Deshalb fallen Menschen auf Angebote herein, die zu gut sind, um wahr zu sein: schnelle Heilung, schnelles Geld, todsichere Karrierestrategien, Blitz-Diäten und so weiter. Sie verlangen sehr wenige Belege für das, was sie selbst gerne glauben möchten. Angelegenheiten, die nicht wahr sein sollen, werden hingegen kritischer betrachtet. Die Gedanken dazu könnten ungefähr so lauten: «Was? Bio-Produkte sollen *nicht* gesünder sein als normale? Die Studie ist doch von den großen Lebensmittelkonzernen gekauft!»

Wenn wir Argumenten Glauben schenken, dann, weil sie sich gut anfühlen. Dabei handelt es sich um weitgehend automatische Prozesse, auf die wir nur geringen Einfluss ausüben können. Der Moralpsychologe Jonathan Haidt hat dafür ein schönes Bild gefunden: Wir gleichen Reitern auf Elefanten. Das Tier repräsentiert die Affekte, das automatische, unbewusste Denken, der winzige Reiter die bewusste Vernunft. Der Elefant agiert zuerst, er lehnt sich, von Emotionen getrieben, in eine Richtung und trifft eine Entscheidung. Der Reiter macht dann die PR: Er verkündet, warum diese Wahl gefallen ist, und bildet sich ein, er selbst habe sie veranlasst. Jonathan Haidt gibt in seinem Buch «The Righteous Mind. Why Good People are Divided by Politics and Religion» deshalb einen prägnanten Ratschlag: Wer Starrköpfe überzeugen wolle, der müsse sich an den Elefanten wenden, nicht an den Reiter.

Dieses für unser Selbstverständnis wenig schmeichelhafte Bild ähnelt dem Modell, das der Psychologe und Wirtschaftsnobelpreisträger Daniel Kahneman ausführlich in seinem Buch «Schnelles Denken, langsames Denken» erläutert. Seine Unterscheidung zwischen zwei unterschiedlichen Denksystemen des Menschen ist in der Psychologie weithin gebräuchlich:

- System 1 entspricht dem Elefanten. Es arbeitet automatisch und schnell, weitgehend mühelos und ohne willentliche Steuerung.
- System 2 entspricht dem Reiter. Es lenkt die Aufmerksamkeit auf die anstrengenden mentalen Aktivitäten. Die Operationen von System 2 gehen oftmals mit dem subjektiven Erleben von

Handlungsmacht, Entscheidungsfreiheit und Konzentration einher.

Ob wir etwas für wahr halten, hängt von System 1 ab, den Handlungen des Elefanten. Je weniger geistige Anstrengung die Verarbeitung von Informationen fordert, desto eher glauben wir diesen. Neue Informationen zu bedenken und zu bewerten, die eventuell auch noch den eigenen Einstellungen widersprechen, kostet Kraft. Das aktiviert den Reiter: Er schaltet sich zum Beispiel ein, wenn er etwas hört, das nicht in sein Weltbild passt. Solange sich ein Starrkopf jedoch in einem Zustand der Leichtigkeit und Entspannung befindet, wird er Informationen wahrscheinlich glauben und den Reiter nicht in das Spiel einbeziehen.

«Wenn Sie sich in einem Zustand kognitiver Leichtigkeit befinden, sind Sie vermutlich gut gelaunt, Sie mögen das, was Sie sehen, glauben das, was Sie hören, vertrauen Ihren Informationen und haben das Gefühl, dass Ihnen die gegenwärtige Situation in einer angenehmen Weise vertraut ist. Auch wird Ihr Denken vermutlich relativ beiläufig und oberflächlich sein. Wenn Sie angespannt sind, sind Sie vermutlich eher wachsam und argwöhnisch, strengen sich stärker an bei dem, was Sie tun, fühlen sich unbehaglicher und machen weniger Fehler, aber Sie sind auch weniger intuitiv und weniger kreativ als sonst», schreibt Kahneman. Wer Starrköpfe überzeugen will, darf das Gefühl von Wahrheit bei seinem Diskussionspartner nicht abwürgen, indem er den Reiter des Elefanten zu sehr einbezieht.

Der amerikanische Comedian Stephen Colbert hat einen Begriff geprägt, der es auf den Punkt bringt: *truthiness*. Das ließe sich als Wahrheitlichkeit übersetzen und beschreibt das höchst subjektive Gefühl, dass sich etwas irgendwie richtig und wahr anfühlt – unabhängig von Fakten. «Ich bin kein Fan von Lexika oder Lehrbüchern, die uns ständig sagen, was wahr oder falsch ist», ätzt der Satiriker in seiner Fernsehshow *The Colbert Report*. Stattdessen solle man seinen Bauch befragen, fordert er seine Zuschauer immer wieder auf. Colbert parodiert damit eine Haltung, für die der ehemalige US-Präsident George W. Bush beispielhaft ist. Dieser tat im November 2002 einen mittlerweile vielzitierten Ausspruch: «Ich verbringe nicht viel Zeit damit, Meinungsumfragen rund um die Welt durchzuführen, um herauszufinden, ob das, was ich glaube, richtig ist. Ich muss nur wissen, was ich fühle.» Wer jetzt abfällig über die geistige Faulheit der anderen Menschen grinst, dem sei gesagt: Wir alle ticken so, natürlich auch der Autor dieses Buches!

FAZIT:

Unsere Auffassungen und Entscheidungen basieren viel weniger auf Fakten und rationalen Erwägungen, als wir meinen. Wenn wir Starrköpfe überzeugen wollen, reicht es deshalb nicht, sich auf wahre Aussagen zu berufen. Sie müssen sich für unser Gegenüber auch wahr anfühlen.

Ich will so bleiben,
wie ich bin – gut

Die Welt geht unter – ständig. Das Ende ist stets so nah wie der nächste Augenblick. Und vor dem Ende ist nach dem Ende ist vor dem Ende. Dieser Eindruck entsteht, sobald man sich ein paar Minuten mit dem Thema Apokalypse beschäftigt. Irgendein Prophet sagt eigentlich immer gerade das Ende der Welt voraus – und es finden sich auch fast immer Menschen, die diesen Propheten folgen. Als Beobachter fragt man sich: Warum schicken die ihre Gurus nicht zum Teufel, wenn der Weltuntergang schon wieder ausgeblieben ist? Die kurze Antwort lautet: weil sich die Gläubigen eingestehen müssten, dass sie auf unfassbaren Quatsch vertraut haben. Und weil das ihr positives Selbstbild gefährden würde, suchen sie lieber nach Gründen, warum das Erwartete dann eben später eintreffen wird. Schließlich wollen sie noch geraden Blickes in den Spiegel schauen können. Davon profitiert der Guru – es lohnt sich also, immer mal wieder den Weltuntergang auszurufen.

Wir haben es hier mit einem psychischen Phänomen zu tun, das der große Sozialpsychologe Leon Festinger «kognitive Dissonanz» getauft hat. Der sperrige Name bezeichnet ein unangenehmes Gefühl, das entsteht, wenn sich im Bewusstsein eines Menschen zwei Kognitionen im Widerstreit befinden, also Ideen, Einstellungen, Meinungen oder Wahrnehmungen. Die Psychologen Carol Tavris und Elliot Aronson erklären das in ihrem Buch «Ich habe recht, auch wenn ich mich irre» mit einem anschaulichen Beispiel. Nehmen wir an, zwei Gedanken tauchen im Kopf eines Menschen auf: «Rauchen ist dämlich, weil Zigaretten mir schaden und Krebs verursachen können» und «Ich rauche jeden Tag eine Schachtel Zigaretten». Diese beiden Aussagen sind nicht in Einklang zu bringen, und das löst bei dem Menschen negative Gefühle aus – die sogenannte Dissonanz.

Wir streben danach, diesen Zustand zu vermeiden. Klar, unser Raucher könnte versuchen, seine Tabaksucht in den Griff zu bekommen. Weil das aber sehr schwer ist, wählt er wahrscheinlich einen anderen Weg, um die Dissonanz und damit die negativen Emotionen in sich aufzulösen. Das könnte ihm gelingen, indem er sich einredet, dass Rauchen ja gar nicht so schädlich sei, wie es immer heißt. Schließlich ist der ehemalige Bundeskanzler Helmut Schmidt auch weit über 90 Jahre alt geworden – und fragen Sie nicht, wie viele Zigaretten der in seinem Leben weggezogen hat. Oder der Raucher redet sich ein, dass ihm die Kippen schmecken, ihn das Nikotin so schön entspannt und er ja ordentlich an Gewicht zulegen würde, wenn er sein Laster beendete. Irgendwie wird er einen Weg finden, den Konflikt zwischen den Gedanken «Rauchen schadet mir» und «Ich rauche trotzdem» aufzulösen und die kognitiven Dissonanzen zu vermeiden – so wie es auch den Jüngern einer Prophetin gelungen ist, die Leon Festinger einst zu seiner Theorie der kognitiven Dissonanz inspirierten.

Der Sozialpsychologe beobachtete mit seinen Mitarbeitern eine Gruppe von Gläubigen, die einer Frau folgte, die die Forscher in ihrer Veröffentlichung als Marian Keech bezeichneten. Die Anführerin dieser Kleinsekte hatte ihren Jüngern für die Nacht vom 20. auf den 21. Dezember 1954 den Weltuntergang vorhergesagt. Aber es gebe Hoffnung auf Rettung für einige Auserwählte, nämlich ihre Anhänger (natürlich!). Wer sich nur mit all seinem Eifer, all seinem Glauben und mutmaßlich all seinem Hab und Gut den Lehren von Marian Keech unterwerfe, der werde zu Mitternacht von Außerirdischen gerettet. Ein Ufo werde erscheinen, die wenigen würdigen Menschen einsammeln und in eine bessere Zukunft führen.

Zahlreiche Sektenmitglieder gaben vor dem angekündigten Weltuntergang ihre Arbeit auf, verkauften ihre Häuser und verschenkten ihr Geld. Die eifrigsten von ihnen fanden sich am 20. Dezember 1954 im Haus ihrer spirituellen Führerin ein, um miteinander zu beten. Absurderweise zählte der Ehemann von Marian Keech nicht zu den Gläubigen. Er schlummerte im Schlafzimmer, während in seinem Wohnzimmer vor der Apokalypse gezittert und die Ankunft der Außerirdischen erfleht wurde. Andere Jünger warteten in ihren Häusern (offensichtlich jene, die sich nicht von all ihrem Besitz getrennt hatten) und bangten dort dem nächsten Morgen entgegen.

Leon Festinger und seine Kollegen wagten an diesem Abend ebenfalls eine Prophezeiung: Sie prognostizierten, dass der Weltuntergang ausbleiben würde. Okay, das war nicht besonders gewagt, auf diese Wette konnte man setzen. Aber sie sagten außerdem voraus, dass die falsche Prophetin durch ihre Fehlprophezeiung nicht geschwächt werden würde – im Gegenteil. Ihre glühenden Anhänger, die betend in ihrem Wohnzimmer knieten, würden in ihrem Glauben an sie sogar gestärkt werden. Nur jene Sektenmitglieder, die noch einen Rest Distanz zu dem ganzen Spektakel eingenommen hatten, würden sich von Marian Keech abwenden, wenn Weltuntergang und Ufo-Rettung sich als Hirngespinst erwiesen.

Was geschah also in dieser Dezembernacht 1954? Natürlich zeigte sich um Mitternacht keine fliegende Untertasse über dem Haus der Sektenführerin. In der Gruppe machten sich leise Zweifel breit – doch die Hoffnung blieb. Auch Außerirdische mit einem Ufo können sich mal verspäten. Gegen 2 Uhr nachts sorgten sich einige Gläubige schließlich ernsthaft, berichtete Leon Festinger. Doch die Gruppe verharrte im Wohnzimmer (während

Herr Keech oben in seinem Bett schlief). Um Viertel vor fünf verkündete Marian Keech, dass sie eine Botschaft empfangen und eine Vision gehabt habe: Die Welt sei gerettet worden, und zwar durch die Gebete der anwesenden Gläubigen. Die spirituelle Macht ihrer unerschütterlichen Mitstreiter habe das Schlimmste verhindert. «Mächtig ist das Wort Gottes», predigte Marian Keech. «Und durch sein Wort seid ihr errettet worden. Aus dem Maul des Todes seid ihr genommen. Noch nie ward eine solche Macht auf Erden gesehen. Nicht seit Anbeginn der Welt ward dieser Erde je solche Kraft, solches Licht zuteil, wie es nun in diesem Raum erstrahlt.»

Die Stimmung in der Gruppe drehte schlagartig. Die Gläubigen jubelten – sie hatten die Welt gerettet! Die Ankunft der Außerirdischen war zwar ausgeblieben, aber Marian Keech hatte ihren Anhängern eine Begründung dafür geliefert, mit der sie ihr Gesicht wahren konnten. Sie hatte ihrer Gemeinde einen Ausweg aus den schlimmen Gefühlen gezeigt, die sonst durch kognitive Dissonanz ausgelöst worden wären.

Welche Aussagen wären im Geist der Gläubigen kollidiert? Mutmaßlich diese beiden: «Ich bin ein vernünftiger, guter Mensch, der mit mindestens normaler Intelligenz gesegnet ist.» Und: «Ich habe an hanebüchenen Unsinn geglaubt, dafür meinen Job gekündigt, mein Haus verkauft, und jetzt sitze ich hier in einem Wohnzimmer und muss einsehen, dass ich ein ganz schöner Trottel bin.» An die neue Vision der Marian Keech zu glauben, löste den zweiten Satz quasi in Luft auf. Der Preis dafür war, auch den Glauben an die Prophetin aufrechtzuerhalten.

So kam es, wie Leon Festinger und seine Kollegen vorhergesagt hatten: Wer zuvor ein glühender Verehrer von Marian Keech gewesen war, der folgte ihren Lehren nun mit noch größerem Eifer. Die Jünger zogen voll Freude in die Welt hinaus, um andere Menschen von der Weisheit ihrer Anführerin zu überzeugen. Wer sich aber nicht mit dem letzten Fleckchen Haut und der letzten Strähne Haar der Gruppe verschrieben hatte, der wandte sich nach der Enttäuschung von der Sekte ab. Für diese etwas weniger engagierten Mitglieder, die zum Beispiel zu Hause gebetet hatten, statt im Wohnzimmer der Sektenführerin die Ankunft der Außerirdischen zu erflehen, waren die emotionalen Kosten geringer. Sie hatten ihre Häuser nicht verkauft, eventuell ihre Jobs behalten und konnten sich nun auf ihre latenten Zweifel konzentrieren: «Ich habe irgendwie geahnt, dass da etwas nicht stimmt. Aber ich bin trotzdem darauf reingefallen. Zum Glück habe ich immerhin nicht alles für dieses Hirngespinst aufgegeben.» Auch so ist es schwer, sein positives Selbstbild aufrechtzuerhalten, aber es fällt jenen noch immer leichter als den glühenden Anhängern.

Der Sozialpsychologe Elliot Aronson, der zwei Jahre nach dem ausgebliebenen Weltuntergang begann, in einem Graduiertenprogramm an der Stanford University mit Leon Festinger zu arbeiten, hat eine überzeugende These formuliert. Je mehr Schmerzen, Fleiß, Ärger, Leid, Aufwand oder Strapazen ein Mensch auf sich nehmen müsse, um ein Ziel zu erreichen, desto mehr werde er dieses Ziel schätzen. Die Triebfeder dafür, so argumentiert Aronson, sei Selbstrechtfertigung: Hohe Kosten lassen sich nur durch hohen Nutzen rechtfertigen. Umgekehrt bedeutet das, je höher die Investition eines Menschen in eine Aktion, in eine Idee oder eine Handlung ist, desto besser bewertet er diese auch – sonst müsste er sich schließlich eingestehen, dass er Mist gebaut oder wenigstens wertvolle Zeit vergeudet hat.

Das könnte zum Beispiel erklären, warum Menschen es lange Jahre in miserablen, anstrengenden Beziehungen aushalten: All der Streit, all die kräftezehrenden Auseinandersetzungen müssen doch zu etwas nutze gewesen sein. Oder bei der Arbeit: Ein Projekt führt ins Nichts, es ist vertrackt und aufwendig wie der Bau eines Bahnhofs im Zentrum von Stuttgart – aber jetzt haben wir schon so viel Zeit und Geld investiert, wir müssen einfach weitermachen! Und womöglich steckt dieser Zusammenhang auch hinter manchen positiven Erfahrungen: Warum sollte es Spaß machen, mit dem Mountainbike über die Alpen zu radeln? So ein Unternehmen bietet doch nichts als Schmerzen. Ewige, unendlich anstrengende Auffahrten auf steilen, schotterigen Wegen. Der Schweiß rinnt, die Beine brennen, die Wasserflasche ist schon lange leer, und im Geiste verflucht sich der Radler für diese schwachsinnige Unternehmung – bis er die Passhöhe oder den Gipfel erreicht. Dort kippt der Selbsthass in Euphorie, gerade weil die Mühen der Auffahrt so gewaltig waren. Die Begeisterung über den gigantischen Ausblick fällt dann besonders euphorisch aus.

Dieser Zusammenhang ist in unzähligen Studien gezeigt worden. Eine davon stammt von Elliot Aronson und seinem Kollegen Judson Mills. Sie boten an ihrer Universität ein Seminar zur Psychologie der Sexualität an. Die Lehrveranstaltung stieß auf großes Interesse – sie fand in den späten 1950er Jahren statt, als das Thema noch mit starken Tabus belegt war und dadurch auch einen größeren Reiz ausübte. Die interessierten Studenten wurden zwei Gruppen zugeteilt, die beide eine Art Aufnahmeprüfung ablegen mussten. Die der einen Gruppe war nicht der Rede wert, die der anderen stellte für Studenten jener Zeit eine echte Hürde dar, weil sie sie in eine höchst peinliche Situation brachte: Sie mussten dem Seminarleiter explizite Passagen aus dem erotischen Roman «Lady Chatterleys Liebhaber» vorlesen.

Anschließend mussten sich beide Studentengruppen eine quälend lange Diskussion von einem Tonband anhören. Ihnen wurde gesagt, dass dies ein Mitschnitt aus einem früheren Seminar sei. Die Aufnahme war absichtlich so angelegt, dass sie möglichst langweilig war. Die Diskutanten stammelten, stotterten oder beendeten ihre Sätze nicht. Auch die Inhalte waren zäh wie lauwarmer Teer. Die Referate behandelten zum Beispiel das Feder-kleid balzender Vögel. Oder ein Teilnehmer erklärte ausführlich, warum er sein Lesepensum zum Paarungsverhalten eines exotischen Tieres nicht hatte erfüllen können.

Dann baten Elliot Aronson und Judson Mills ihre Probanden, die Tonbandaufzeichnung zu bewerten. «Es war kaum zu glauben, dass beide Gruppen dasselbe Band gehört hatten», schreibt Aronson. Die Absolventen der einfachen Aufnahmeprüfung beurteilten die aufgezeichnete Diskussion ziemlich realistisch – nämlich als irrsinnig fad, öde und weitgehend sinnfrei. Den Studenten, der sein Lesepensum nicht geschafft hatte, fanden sie mehrheitlich blöd: Mit dem würde niemand in der Arbeitsgruppe zusammensitzen wollen. Anders die Probanden, die mit rotem Kopf sexuell aufregende und eindeutige Szenen aus «Lady Chatterley» vorgetragen hatten. Sie fanden die Diskussion eher interessant, spannend und lehrreich. Sie waren auch eher bereit, dem Faulpelz zu verzeihen und mit ihm in einer Arbeitsgruppe zusammen zu lernen. Die positive Bewertung gaben sie nur ab, weil sie zuvor freiwillig eine unangenehme Situation in Kauf genommen hatten: Es wäre unerträglich für sie gewesen, wenn sie für nichts und wieder nichts mit rotem Kopf und beklemmendem Gefühl erotische Szenen vorgelesen hätten. Sie rechtfertigten die Pein dieser demütigenden Situation, indem sie das dadurch erreichte Ziel schönten.

Dieses Experiment haben Psychologen in vielen Variationen wiederholt. Sie haben Probanden mit Elektroschocks traktiert, ihnen extreme körperliche Anstrengung abverlangt und sie anderweitig gefordert. Unterwarfen sich die Probanden freiwillig – das ist eine zentrale Voraussetzung – diesen Peinigungen, dann bewerteten sie auch das anschließend erreichte Ziel positiver. Bis heute kommen neue Studien dazu: Im Sommer 2012 berichteten die Psychologen Christine Legare und André Souza von der Universität Austin, dass Menschen magische oder religiöse Rituale für besonders wirksam halten, wenn diese hochgradig aufwendig sind und den Gläubigen viel abverlangen. Ähnlich verklären vielleicht leitende Angestellte den Wert von Managementseminaren. Da haben sie sich bei Rollenspielen oder bei vertrauensbildenden Maßnahmen im Hochseilgarten vor den Kollegen zum Affen gemacht und alle Zweifel an den inhaltsleeren Phrasen des Coaches heruntergeschluckt. Aber das Seminar war klasse, sonst hätte man ja umsonst den Kasper gegeben.

Ein bekanntes Beispiel für diese innere rosa Brille ist der sogenannte IKEA-Effekt, den der Wirtschaftswissenschaftler Michael Norton experimentell bestätigt hat. Demnach lieben Menschen Dinge mehr, die sie selbst gemacht haben, weil sie Zeit und Mühe investieren mussten. Benannt ist der Effekt nach dem schwedischen Möbelhaus, das seine Kunden in aller Welt dazu nötigt, Pressholzplatten mit Hilfe entwürdigend kleiner Inbusschlüssel und verwirrender Anleitungen zusammenzuschrauben. Wenn *Aneboda, Brimnes, Aspelund* oder *Stolmen* aufgebaut ist und wackelig im Zimmer herumsteht, sehen wir großzügig über schiefe Fugen und andere kleine Macken hinweg. Schließlich haben wir Zeit und Aufwand investiert – und wer will schon zugeben, dass er tatsächlich ein lausiger Handwerker ist?

Die Dinge dürfen manchmal nicht zu einfach sein: Das haben Hersteller von Backmischungen in den USA schon in den 1950er Jahren erkannt. Damals schrumpfte der Absatz dieser Produkte. Dem wirkten die Anbieter erfolgreich entgegen, indem sie die Rezepte beziehungsweise die Zubereitung wieder etwas komplizierter machten. So steigerte sich tatsächlich die Zufriedenheit der Fertigbäcker und -bäckerinnen mit den Kuchen – sie hatten ja etwas leisten müssen, um sie zuzubereiten. Womöglich verhält sich das auch im Beruf so: Ein Projekt muss schon ein wenig herausfordern, um am Ende gut bewertet zu werden.

Menschen wollen um fast jeden Preis ihr positives Selbstbild aufrechterhalten – und das umso mehr, je höher die Investition war, die sie tätigen mussten, um etwas zu erreichen. Das sollte einem bei jeder Auseinandersetzung mit Starrköpfen bewusst sein. Wenn man versucht, Menschen vom Gegenteil dessen zu überzeugen, was sie glauben, verstärkt das oft den Glauben, der widerlegt werden sollte. «Wenn die Themen Ansichten behandeln, die den Kern der Weltsicht dieser Menschen berühren, dann stärkt man diese beim Versuch, ihr Denken auf den neuesten Stand zu bekommen», sagte der Psychologe Stephan Lewandowsky dem Magazin *Scientific American*.

Psychologen nennen diese Reaktion *belief perserverance*: Man hält an seinen ursprünglichen Meinungen fest, obwohl es überwältigend starke Belege dafür gibt, dass diese falsch sind. Jeder Mensch tickt nach diesem Muster – jeder. Viele Anhänger von Mythen haben viel investiert und viel zu verlieren, wenn sie ihren Irrglauben aufgeben. Denken wir an Christine Maggiore, die HIV-positiv war und leugnete, dass so etwas wie Aids überhaupt existiert. Selbst als ihre dreijährige Tochter an Aids verstarb, wandte sie sich nicht von ihrem Gedankengut ab. Im Licht der gerade beschriebenen mentalen Effekte muss man sagen: *Natürlich* wandte sie sich nicht von ihrem Glauben ab. Denn was wären die Konsequenzen gewesen? Maggiore hätte einsehen müssen, dass sie wahrscheinlich die Schuld am Tod ihrer geliebten Tochter trifft.

Auch wenn dieser Gedanke den meisten schwerfallen mag: Christine Maggiore hat sich wahrscheinlich aufopfernd um ihre Tochter gekümmert und alles getan, was sie tragischerweise für richtig hielt. All das soll nicht einen Millimeter rechtfertigen, was Christine Maggiore in die Welt getragen hat. Es soll nur verdeutlichen, was es für die Frau bedeutet hätte, ihren Irrglauben anzuerkennen. Der Preis war so hoch, dass sie stattdessen mit jedem Angriff auf ihr Gedankengebäude und ihre Ideologie noch fester dazu stand; dass sie nach jeder Kritik und jedem Rückschlag höchstwahrscheinlich noch unerschütterlicher an das Gedankengebäude der Aids-Leugner glaubte. Alle einsichtigen Gedanken wären schlicht unerträglich für sie gewesen.

Christine Maggiore ist ein extremes Beispiel. Doch die grundsätzlichen Mechanismen, die ihre Geschichte – genauso wie die Erzählungen von den Jüngern Marian Keechs – verdeutlicht, gelten für viele Starrköpfe. Wer zum Beispiel eine lange und womöglich auch finanziell kostspielige Ausbildung zum Homöopathen absolviert hat, hat entsprechend viel zu verlieren. Wenn ein Skeptiker ihn versucht zu überzeugen, dass Globuli nichts als kleine Zuckerkügelchen seien und hinter dieser Spielart der alternativen Medizin allenfalls ein Placeboeffekt stecke, wird er sich davon nicht beeindrucken lassen. Denn unabhängig von den inhaltlichen Erwägungen gilt für ihn, dass die gesamte Ausbildung umsonst gewesen wäre, wenn er die Argumente des Skeptikers übernehmen würde. Darüber hinaus müsste er sich damit auseinandersetzen, dass er all die Jahre in seiner Praxis Patienten wirkungslose Zuckerpillen gegeben hat. Für so einen Homöopathen steht also ebenfalls viel auf dem Spiel.

Wenn jemand trotz aller gegenteiligen Beweise noch immer glaubt, dass Impfungen Autismus auslösen können, und andere Eltern zu überzeugen versucht, auf Impfungen für ihre Kinder zu verzichten, konstruiert diese Person daraus vermutlich ein positives Selbstbild. Schließlich betrachtet sie sich als Streiter für eine gute Sache. In ihrer Weltsicht setzt sie sich für das Wohl von Kindern ein, indem sie ihnen vermeintliche Gefahren durch Impfstoffe erspart und sie vor Autismus schützt. Zu akzeptieren, dass diese irrige Annahme auf einer gefälschten Studie fußt, bedeutet demnach viel mehr, als nur nüchterne, wissenschaftliche Fakten zur Kenntnis zu nehmen. Peinliche Fragen würden auftauchen: Habe ich meine Kinder und die anderer Eltern den ganz realen

Risiken gefährlicher Infektionskrankheiten ausgesetzt, um sie vor einem Phantom zu bewahren? Bin ich ein schlechter Vater? Eine schlechte Mutter? Unter diesen Umständen, angesichts solcher Fragen und Konsequenzen ist es leichter, weiter an den widerlegten Mythos vom Impfautismus zu glauben, als die Fakten zu akzeptieren.

Wir alle wollen eben gerne gute Menschen sein. Oft müssen wir uns dafür belügen. Das funktioniert nur, wenn wir uns selbst glauben. Es fällt schwer, das zu akzeptieren, genauso wie wir uns kaum vorstellen können, dass rechtschaffene Menschen zu abgrundtief bösen Taten fähig sind. John Conroy verknüpft in seinem Buch «Unspeakable Acts, Ordinary People» beide Themen: Er zeigt, unter welchen Umständen Menschen zu Folterknechten werden – und mit welchen Selbstlügen sie diesen Umstand vor sich rechtfertigen. Conroy zufolge verüben nicht nur Soldaten oder Polizisten aus diktatorischen Regimes regelmäßig Gräueltaten, sondern auch ihre Kollegen aus demokratischen Staaten. Besonders aufschlussreich: Die Rechtfertigungs- und Selbsttäuschungsmuster all dieser Menschen gleichen sich. Jeder Folterer, den der Autor interviewte – egal ob Südafrikaner, Israeli, US-Amerikaner oder Brite –, begründete sein Tun damit, dass die jeweiligen Gegner zu noch schlimmeren Taten in der Lage seien. Ein Südafrikaner sagte zum Beispiel, wenn er mit Stromstößen arbeite, dann spare er stets die Genitalien des Opfers aus. In anderen Ländern hingegen sei man in dieser Hinsicht leider gnadenlos. Man muss davon ausgehen, dass der Folterer sich und seinen Lügen tatsächlich glaubte. So wie wir davon ausgehen müssen, dass die meisten Starrköpfe wirklich an den Unsinn glauben, den sie verbreiten.

FAZIT:

Menschen versuchen um jeden Preis, ihr positives Selbstbild aufrechtzuerhalten. Deswegen fällt es ihnen häufig leichter, sich die Fakten zurechtzubiegen und weiter an unsinnige Dinge zu glauben, als sich einzugestehen, dass sie lange Zeit mit großer Energie einem Irrglauben gefolgt sind.

Bestätigungsfehler

Die Studie erschien in einem der angesehensten medizinischen Fachblätter. In dem Beitrag im *Journal of the American Medical Association* untersuchten Wissenschaftler eines der vielen Rätsel der Aids-Forschung: Die Virenlast im Blut eines Infizierten eignet sich offenbar nur bedingt oder gar sehr schlecht, um zuverlässig vorherzusagen, wann die Krankheit Aids tatsächlich ausbricht. Die reine Zahl der Viren zu bestimmen, reiche also nicht aus, folgerten die Autoren.

Im Jahr 2007 – einige Monate nachdem die Studie erschienen war – bezog sich der Virologe und Aids-Leugner Peter Duesberg in einem Interview darauf. Er präsentierte das Ergebnis der Veröffentlichung als Beweis in seinem Sinne: Wenn sich der Zeitpunkt des akuten Krankheitsausbruchs nicht durch die Zahl der Viren prognostizieren lasse, bedeute das nichts anderes, als dass HIV und Aids nichts miteinander zu tun hätten. Es bestehe demnach kein kausaler Zusammenhang zwischen der Infektion mit dem Virus und der Krankheit. Die Autoren der Studie protestierten scharf: Ihre Arbeit liefere keinesfalls irgendwelche Indizien, die sich im Sinne der Schlussfolgerungen Duesbergs interpretieren ließen.

Diese Art der Auseinandersetzung lässt sich in vielen umstrittenen Forschungsbereichen beobachten. Die Gegner sitzen sich in ihren intellektuellen Schützengräben gegenüber und streiten sich über die Interpretation von Studien. Die eine Seite behauptet, die Daten zeigten eindeutig, dass diese und jene Sache so sei, während die andere reklamiert, die Daten zeigten das genaue

Gegenteil. Das bedeutet nicht, dass Studien völlig willkürliche Ergebnisse produzieren. Das Beispiel von Peter Duesberg verdeutlicht vielmehr, wie Menschen grundsätzlich mit Informationen umgehen: Wir alle suchen ausschließlich nach Hinweisen, die unsere Meinungen und Ansichten stützen – oder sich zumindest in unserem Sinne interpretieren lassen. Und nicht ganz eindeutige Evidenz wird stets als Beleg für die eigene Position gewertet.

Diese Art zu denken wird als Bestätigungsfehler bezeichnet, der englische Fachbegriff lautet *confirmation bias*. Besonders ausgeprägt ist der Effekt, wenn es sich um emotional aufgeladene Themen handelt oder wenn es um sehr stark verankerte Ansichten geht. Statt nach allen relevanten Informationen zu forschen, fragen wir einseitig: Was spricht dafür, dass ich recht habe? Die experimentellen Belege zeigen deutlich: Sobald wir eine Meinung zu einem Thema haben, wollen wir sie stärken und verteidigen. Das heißt übrigens nicht, dass die Indizien fair bewertet wurden, als wir uns die Meinung gebildet haben – es bedeutet aber, dass danach der Bestätigungsfehler Herr im Hirn ist.

Wer nur nach Bestätigung sucht, trägt eine mentale Scheuklappe. Diese Neigung steht wirklicher Erkenntnis im Weg. Das zeigt ein berühmtes Experiment von Peter Wason aus den 1960er Jahren. Er präsentierte seinen Probanden eine Zahlenreihe und bat sie, eine Hypothese aufzustellen, nach welcher Regel die Reihe gebildet wurde. Die Lösung hatte er auf der Rückseite eines Zettels notiert. Auf der Vorderseite stand: 2, 4, 6. Um ihre Hypothese zu überprüfen, durften die Probanden Vermutungen anstellen, welche Zahl als nächste in der Reihe kommen würde. Zahlen durften sie so viele nennen, wie sie wollten, die zugrundeliegende Regel aber nur einmal explizit formulieren.

Fast alle Teilnehmer versuchten das Rätsel zu knacken, indem sie Zahlen probierten, mit denen sie ihre Hypothese bestätigen konnten. Sagte ein Student zum Beispiel «8» und Peter Wason nickte, dann probierte er «10» und «12», und Mason nickte abermals. Der Student hatte offenbar die Vermutung, dass die Zahlenreihe in Zweierschritten aufsteigend weitergeführt wurde. Doch das war nicht die Lösung, die auf der Rückseite des Zettels stand. Nur ein Proband ging mit einer anderen Strategie an die Lösung heran: Er versuchte Zahlen zu finden, die nicht zur Lösung passten. Zum Beispiel «3». Das passte nicht zur Lösung. «7» hingegen schon. «−6» wiederum nicht und so weiter. Auf diese Weise knackte er das Rätsel: Die nächste Zahl musste stets höher sein als die vorherige. Mehr nicht.

In unserem Alltag begegnen uns unzählige Beispiele für Bestätigungsfehler. Denken Sie an die Diskussionen zwischen Fußballfans. Borussia Dortmund und Schalke 04 pflegen eine besondere Rivalität, die Spiele der beiden Clubs aus dem Ruhrgebiet finden stets in einer aufgeheizten Atmosphäre statt. Nehmen wir an, der Schiedsrichter gibt gegen Ende eines solchen Spiels einen Elfmeter für eine der beiden Mannschaften, aus dem schließlich das entscheidende Tor der Partie resultiert. Die Situation, die zum Elfmeter geführt hat, ist auch nach diversen Wiederholungen, Aufnahmen aus verschiedenen Perspektiven und Zeitlupen im Fernsehen nicht ganz eindeutig.

Wie entwickeln sich also die anschließenden Diskussionen? Die Fans der Mannschaft, die den Elfmeter zugesprochen bekommen hat, werden Argumente dafür finden, weshalb die Entscheidung des Schiedsrichters korrekt war. Die Anhänger des anderen Teams werden hingegen Gründe auflisten, warum sie falsch war und der Schiedsrichter ihrer Mannschaft auf perfide Weise den Sieg geraubt hat. Diese Diskussionen lassen sich nicht auflösen. So werden in England seit 1966 Beweise gesammelt, warum das berühmte Wembley-Tor im Finale der Fußballweltmeisterschaft ein regulärer Treffer gewesen ist, während in Deutschland begierig Indizien präsentiert werden, die belegen sollen, dass der Ball die Torlinie nicht überschritten hat.

Oder stellen wir uns das Fernsehduell zweier Kandidaten für ein hohes politisches Amt vor. Der amerikanische Komiker Lenny Bruce fasste schon 1960 alles zusammen, was es dazu zu sagen gibt. Er sah sich die Debatte zwischen Richard Nixon und John F. Kennedy an – zusammen mit Anhängern des Kandidaten der Demokraten. Richard Nixon sei regelrecht abgeschlachtet worden, war dort die Mehrheitsmeinung. Bruce zog weiter und besuchte Bekannte, die Richard Nixon unterstützten. John F. Kennedy habe eine ordentliche Abreibung bekommen, hieß es bei diesen.

Die Anhänger beider Kandidaten hatten ausschließlich darauf geachtet, was für die Überlegenheit ihres Lieblingskandidaten sprach. Selbst wenn einer der Politiker in die Kamera geblickt und über sich selbst gesagt hätte, er sei ein mieser Lügner, ein unehrlicher Mensch und sicherlich der schlechtere Präsident, wäre das ähnlich gewesen, mutmaßte Lenny Bruce. Dann hätten seine Anhänger gejubelt: Was für ein mutiger Auftritt – so ehrlich und offen mit eigenen Schwächen umzugehen, das zeugt von absoluter Größe.

Oder stellen Sie sich vor, Sie nehmen im Winter jeden Tag Vitaminpräparate zu sich. In den vergangenen Jahren haben große Überblicksstudien gezeigt, dass diese nichts nutzen. Mehr noch: Sie können sogar etwas schaden. Vitaminpräparate sind also im besten Fall überflüssig, im schlimmsten Fall sogar gefährlich. In diesem Winter nehmen Sie sie trotzdem weiter und fangen sich keine Erkältung ein. Weil Sie unwillkürlich auf der Suche nach bestätigenden Informationen waren, die die Einnahme Ihrer Vitaminpräparate rechtfertigen, werten Sie das als Beweis für deren Wirksamkeit.

Das klingt zu weit hergeholt und betrifft uns nicht? Wir finden in der Tat überall bestätigende Informationen, wo wir sie suchen. Das zeigt eine wirklich beeindruckende Studie aus den 1980er Jahren. Die Forscher präsentierten zwei getrennten Gruppen dasselbe Video eines Kindes, das gerade eine Klausur schreibt. Die Teilnehmer sollten die Szene beobachten und anschließend ungefähr einschätzen, wie gut oder schlecht das Kind schließlich abschneiden würde. Einer Gruppe wurde zuvor gesagt, das Kind stamme aus einem gutsituierten Elternhaus; den anderen erklärten die Forscher, es stamme aus einer armen Familie. Beide Gruppen sahen das selbe Kind und gaben ihre Einschätzungen nur anhand des Videos ab – und kamen zu gegensätzlichen Meinungen. Hatten die Probanden zuvor erfahren, das Kind stamme aus gutem Hause, schätzten sie das Ergebnis der Prüfung als überdurchschnittlich ein; gingen sie von einem Prüfling aus schlechtem Hause aus, unterstellten sie hingegen ein unterdurchschnittliches Ergebnis. Vermutlich hatten sich beide Gruppen bereits im Vorfeld eine Meinung gebildet und im Video nach Indizien gesucht, die diese scheinbar belegten. Je schwammiger eine Theorie ist, desto leichter lassen sich bestätigende Informationen dafür finden.

Menschen sehen, wonach sie suchen. Dieser Kernsatz des Bestätigungsfehlers ist besonders erhellend, wenn er auf konkrete Situationen angewendet wird. Kehren wir zu dem Beispiel Brainstorming zurück. Zwar haben Psychologen in zahlreichen Studien nachgewiesen, dass das freie Rumspinnen in der Gruppe im Schnitt weniger und auch noch schlechtere Ideen produziert als die Arbeit allein oder in anderer Organisationsform. Doch liefert ein Brainstorming den Teilnehmern zuverlässig das Gefühl, dass die Technik funktioniert. Denn natürlich kommen dabei auch immer wieder einmal gute Ideen heraus. Und das reicht als Bestätigung.

Genauso verhält es sich in folgendem Beispiel: Ein großer

Konzern bekommt einen neuen Chef, der einen Ruf als gnadenlos erfolgreicher Sanierer genießt. Nach Ende seines ersten Geschäftsjahres weist die Firma nach einigen Jahren in der Verlustzone erstmals wieder einen Gewinn aus. Die Wirtschaftspresse feiert ihn als Vater des Erfolgs, als Architekten des Wiederaufstiegs. Zwar seien die Sanierungsmaßnahmen hart gewesen, aber der Erfolg gebe ihm recht. Doch ist es auch wirklich das Verdienst des neuen Chefs, das Ergebnis seiner Arbeit? Der Gewinn scheint die Erwartung zu bestätigen, die der Ruf des Neuen geweckt hat. Allerdings könnten auch unzählige andere Faktoren den Wiederaufstieg der angeschlagenen Firma begünstigt haben, die nicht angesprochen werden. Vielleicht war es einfach Glück, nach Jahren in der Verlustzone hat die Firma zufällig einen neuen Großkunden gewonnen. Oder die Wirtschaftslage hat sich insgesamt verbessert. Vielleicht greifen auch jetzt erst die Sparmaßnahmen, die der als glückloser, viel zu weichherziger Chef verabschiedete Vorgänger während seiner Zeit eingeleitet hat? Mit hoher Wahrscheinlichkeit hat der Chef eines riesigen Unternehmens ohnehin viel weniger Einfluss auf dessen Entwicklung, als die Öffentlichkeit gemeinhin annimmt. Und so feiert die Wirtschaftspresse eine Illusion, die sich aus dem Ruf des neuen Konzernlenkers von alleine ergeben hat.

Nur selten reißen Alltagsbeobachtungen einen aus dem Denkmuster des Bestätigungsfehlers. Gelegentlich geschieht dies ausgerechnet im Privaten, in der Kampfarena der Partnerschaft. Der Autor dieses Buches befindet sich ständig auf der Suche – nach den Haustürschlüsseln, dem Geldbeutel, dem Handy, nach irgendwelchen Formularen, die jetzt sofort wichtig sind, die aber wochenlang unbeachtet zwischen den Papierbergen auf dem Schreibtisch herumlagen. Die Suche gestaltet sich meistens sehr hektisch, da sie in der Regel unter Zeitdruck geschieht. Ärger verwandelt sich in Wut, und im Geiste findet sich schnell eine

Schuldige: die eigene Frau. Immer lässt sie ihren ganzen Kram überall rumliegen, ständig räumt sie die Sachen irgendwohin, wo sie kein vernünftiger Mensch jemals vermuten würde, und überhaupt hat sie den Schreibtisch komplett zu ihrem eigenen Revier gemacht.

Normalerweise bestätigen sich auf diese Weise die Hypothesen über den eigenen Partner. Man hält ihn für einen faulen Menschen? Jede Socke, die in irgendeiner Ecke liegt, dient als Bestätigung. Man hält ihn für unselbständig? Jede Frage, jede Bitte um Rat stützt diese Ansicht. Nur leider nicht, wenn sich der Autor auf der Suche nach irgendetwas befindet – und dieses etwas schließlich irgendwo in der chaotischen Wohnung findet. Dann muss er leider stets einsehen, dass er selbst das Handy, den Geldbeutel oder dieses irrsinnig wichtige Formular dort hingelegt hat, wo er es so lange nicht gefunden hat. Die Schuldfrage ist beantwortet, nur nicht im Sinne der Ausgangshypothese. Belastbare Erkenntnis liefern tatsächlich die Gelegenheiten, in denen eine Annahme unleugbar widerlegt wurde.

Nur ist es leider viel angenehmer, den Partner für einen Chaoten zu halten als sich selbst – deshalb fahnden wir nicht nach Gegenargumenten. Psychologen um William Hart von der Universität Florida bezifferten in einer Auswertung zahlreicher Studien zum *confirmation bias* die Wahrscheinlichkeit, mit der Menschen nach bestätigenden Informationen suchen: Diese liege etwa doppelt so hoch wie diejenige, gegenteilige Informationen zu beachten. Raymond Nickerson von der Tufts University fasst es in einem Überblicksartikel zusammen. «Wenn man versuchte, einen problematischen Aspekt menschlichen Denkens zu identifizieren, der mehr Aufmerksamkeit verdiente als alle anderen – der Bestätigungsfehler wäre unter den Kandidaten. Viele haben darüber geschrieben, und er erscheint hinreichend stark und weit verbreitet zu sein, sodass man sich bei dem Gedanken ertappt, dass allein dieser Denkfehler für einen erheblichen Teil der Dispute, Verwerfungen und Missverständnisse verantwortlich ist, die zwischen Individuen, Gruppen und Nationen entstehen.» Das ist vornehm und wissenschaftlich zurückhaltend ausgedrückt, trifft es aber auf den Kopf.

Die Staatsanwaltschaft versucht Beweise zusammenzutragen, die für ein Verbrechen oder eine Anklage sprechen. Die Verteidigung baut hingegen auf die gegenteilige Strategie. Sie sammelt Argumente, um die Unschuld ihres Mandanten zu belegen. Das ist sehr vereinfacht – illustriert aber das grundlegende Prinzip des Bestätigungsfehlers: Man sucht und beachtet ausschließlich Aussagen, mit denen sich die eigene Ausgangshypothese belegen lässt. Natürlich verhalten sich die Menschen im Alltag nicht wie ein Anwalt oder Staatsanwalt und begeben sich bewusst auf die Suche. Aber das ist ja das Perfide: Wir versuchen praktisch ständig, unsere Sicht der Dinge zu stützen, indem wir nur Bestätigung suchen, und es ist uns noch nicht einmal bewusst!

Der ehemalige Vizepräsident der Vereinigten Staaten von Amerika hatte zum Beispiel eine eigenwillige Forderung an Hotels. Jedes Mal wenn Dick Cheney eine Suite betrat, musste dort ein konservativer Nachrichtenkanal auf dem Fernseher laufen. Darauf bestand er, berichtete das Internetportal The Smoking Gun. Selbst ein so mächtiger Mann in einer so herausgehobenen Position erträgt es offenbar nicht, wenn ein Nachrichtensprecher eine andere Meinung als seine kundtut. Ist das hysterisch, oder verhalten wir uns alle so?

Die kurze Antwort lautet: Wir alle sind kleine Dick Cheneys und suchen nicht nur nach Bestätigung, sondern wir meiden aktiv Gegenstimmen. Wir bewegen uns automatisch in einem Umfeld, in dem uns hauptsächlich Informationen begegnen, die mit unseren Anschauungen kompatibel sind – ein Umfeld, das die Macht des Bestätigungsfehlers vergrößert. Die Vielfalt an verfügbaren Informationen ist in der jüngeren Vergangenheit zwar gestiegen. Die Zahl der Fernsehsender ist in den letzten 20 Jahren explodiert. Im Internet finden sich noch zu den absurdesten Spezialinteressen Inhalte. Blogger reihen sich als neue Figuren in das Stimmengewirr der Medien ein. Aus den sozialen Medien strömen weitere Inhalte. Drei Fernsehkanäle, Radio und eine Handvoll Tageszeitungen? Die Zeiten sind vorbei.

Dennoch erreichen uns hauptsächlich vorgefilterte Informationen. Es ist, als säßen wir mit Dick Cheney in einem Hotelzimmer – wir befinden uns in einer Echo-Kammer, in der unsere Meinungen wiederholt werden. Wir lesen Zeitungen oder Nachrichtenwebseiten, in denen wir eher unsere Ansichten bestätigt sehen. Das Gleiche im Fernsehen. Und wir lesen bei Twitter die Nachrichten derjenigen, mit denen wir ein Weltbild teilen, und sind bei Facebook mit Leuten befreundet, deren Ansichten unseren gleichen. Die Wahrscheinlichkeit ist also ohnehin schon hoch, dass wir kaum Gegenargumente zu hören kriegen. Und dann gehen wir unangenehmen Aussagen auch noch aus dem Weg. Wir sind wie ein Herrscher, der von seinen Lakaien völlig von den tatsächlichen Zuständen im Land abgeschirmt wird und nur Heile-Welt-Geschichten zu Ohren bekommt.

Wie geschmeidig wir dann mit den wenigen Informationen umgehen, die uns widersprechen und die wir trotzdem an uns heranlassen, hat zum Beispiel Deanna Kuhn von der Columbia University gezeigt. Sie präsentierte Kindern und Jugendlichen Aussagen, die entweder zu ihren Meinungen passten oder ihnen widersprachen. Wie zu erwarten, konzentrierten sich auch die jungen Probanden auf die Informationen, die ihre eigenen Vorstellungen stützten, und ignorierten die Gegenargumente. Doch die Teilnehmer des Tests gingen zusätzlich auf eigenwillige Weise mit den Fakten um: Sie betrachteten dieselben Informationen gelegentlich als Belege für gegensätzliche Thesen – und merkten dies allenfalls, wenn die Experimentatoren sie explizit darauf hinwiesen.

Als die Wissenschaftler die Jugendlichen nach einiger Zeit noch einmal ins Labor baten und sie aufforderten, die damals präsentierten Informationen und ihre eigenen Ansichten zu erinnern, offenbarte sich abermals ein unfreiwillig geschmeidiger Umgang mit den Informationen. In ihrer Erinnerung eigneten sich sämtliche erinnerten Aussagen besser als Belege für ihre Ansichten, als dies tatsächlich der Fall gewesen war. Einigen dienten nun sogar Gegenpositionen als Beleg für ihre ursprüngliche Meinung. Oder aber sie passten ihre Thesen von einst den Informationen an, die sie noch wussten. So ist das: Wir alle verfügen über ein sehr flexibles Weltbild, das wir permanent bestätigt sehen – egal was da auf einen einprasselt. Nur, wenn man seinen Haustürschlüssel wieder dort findet, wo man ihn selbst hingelegt hat, dann, ach, lassen wir das, man hätte den Schlüssel ja niemals dort hingelegt, wenn der Partner nur ein klein bisschen auf die Ordnung achten würde. Also ganz sicher.

FAZIT:

Bedenken Sie, dass Menschen ausschließlich nach Argumenten suchen, die *für* etwas sprechen – in der Regel für ihre eigenen Ansichten. Leider lassen sich auf diese Weise fast immer stützende Informationen für jede beliebige Hypothese finden.

Der Disconfirmation Bias

Zwei ungleiche Währungen

Liebe Wikipedia, ich bin Philip Roth.» Mit diesem Satz beginnt ein offener Brief im Magazin *The New Yorker*, der im September 2012 veröffentlicht wurde. Der Autor ist: Philip Roth. Der amerikanische Schriftsteller gilt seit Jahren als Anwärter auf den Literaturnobelpreis. Eines seiner bekanntesten Bücher ist «Der menschliche Makel» – und um dieses dreht sich auch der Brief. In der Online-Enzyklopädie Wikipedia hieß es nämlich, der Roman sei durch das Leben von Anatole Broyard inspiriert. Dieser Autor und Literaturkritiker der *New York Times* ähnelt der Hauptfigur aus dem Roman, Coleman Silk, tatsächlich in vielen Details. Beide – Coleman Silk und Anatole Broyard – sind die Kinder dunkelhäutiger Eltern, haben aber so helle Haut, dass dies nicht offensichtlich ist und sie als Weiße wahrgenommen werden. Es gibt weitere Ähnlichkeiten, die es durchaus plausibel erscheinen lassen, dass das Leben des 1990 verstorbenen Broyard die Inspirationsquelle für Roths Roman war.

Der wahrscheinlich kundigste Experte für das Werk von Philip Roth ist Philip Roth selbst. Und er sagt, dass Anatole Broyard ihm ganz sicher nicht als Vorlage und Inspiration für «Der menschliche Makel» gedient habe. Vielmehr sei die Idee für den Roman durch das Schicksal eines Freundes entstanden, des Soziologie-Professors Melvin Tumin von der Princeton University. Genau wie Coleman Silk im Roman sah sich Tumin einer Hetzjagd ausgesetzt. Ihm wurde vorgeworfen, zwei afroamerikanische Studenten rassistisch beleidigt zu haben. Wie Philip Roth im *New Yorker* schildert, gleichen sich die reale und die literarische Schilderung der Begebenheit stark: Die zwei Studenten hatten sich mitten im Semester noch kein einziges Mal in der Lehrveranstaltung blicken lassen. Bei einer Anwesenheitskontrolle fragte Melvin Tumin (genau wie Coleman Silk), ob jemand die beiden kenne. «Existieren sie wirklich, oder handelt es sich um dunkle Gestalten?» («Do they exist or are they spooks?») Diese Äußerung wird dem Professor als rassistisch ausgelegt, er gerät in arge Schwierigkeiten.

Philip Roth hatte wiederum die Schwierigkeit, Wikipedia davon zu überzeugen, dass der Soziologie-Professor Melvin Tumin und nicht, wie behauptet, der Autor Anatole Broyard als Vorlage für «Der menschliche Makel» gedient hatte. Er wandte sich über einen Mittelsmann an die Administratoren der englischsprachigen Wikipedia – und erhielt eine eigenwillige Antwort: «Wir verstehen, dass der Autor die größte Autorität für sein eigenes Werk ist, aber wir benötigen eine zweite Quelle.» Die Aussage Roths, dass er, Philip Roth, keinesfalls die Inspirationsquelle hatte, von der in Wikipedia die Rede war, zählte nicht. Und deshalb publizierte der Autor den offenen Brief im Magazin *The New Yorker*.

Die absurd anmutende Geschichte ist ein schönes Beispiel dafür, dass Menschen besonders kritisch sind, wenn eine ihrer Aussagen widerlegt werden soll. Der Fachbegriff dafür lautet *disconfirmation bias*. Für bestätigende Informationen verlangen sie auch weniger starke Belege als für Ansichten, die ihren Überzeugungen widersprechen. In solchen Fällen ergehen sie sich gerne in Quellenkritik – die Studie war zu schlecht, zu klein, zu groß. Oder sie behaupten, die Frage sei nicht abschließend geklärt und so weiter.

Der Psychologe Thomas Gilovich verglich diesen Umstand mit dem Verhalten krankhafter Spieler: Diese zeigen die Neigung, ihre Verluste wegzuerklären und die Bedeutung seltener Gewinne zu überhöhen. Deshalb überschätzen sie chronisch ihre Gewinnchancen, weil sie die Verluste zur bedauerlichen Ausnahme machen. Wir alle verhalten uns wie Zocker, überschätzen positive Informationen und schmälern negative. Leugner eines gesicherten Sachverhalts fordern sogar häufig Gegenbeweise, die unmöglich zu erbringen sind. Aus den Reihen jener, die die Realität der globalen Erwärmung in Frage stellen, wird oft darauf hingewiesen, dass sämtliche Klimamodelle unbrauchbar seien. Schließlich existierten keine zuverlässigen Temperaturmessungen aus den Zeiten vor der Erfindung des Thermometers.

Die übliche Antwort der Wissenschaft ist es, sich mit solchen Einwänden auseinanderzusetzen. Man debattiert und wirft seine Argumente in die Arena. In diesem akademischen Ringkampf werde sich schon zeigen, welche Daten das größere Kampfgewicht, welche Fakten die größere Schlagkraft hätten. Am Ende, so die hehre Hoffnung, sind falsche Ansichten entlarvt, die Wahrheit ist erkannt, und alle Forscher fallen sich in die Arme. Nun kann der dankbaren Öffentlichkeit das neugeborene Licht der Erkenntnis verkündet werden.

Leider handelt es sich dabei um ein positives Zerrbild. Ein Utopia des Wissens und der Ehre. Damit der Austausch von Argumenten wenigstens die Nähe des soeben entworfenen Idealbildes erreicht, müssen sich nämlich beide Konfliktparteien auf ein paar gemeinsame Regeln einigen – dass die gesamte vorhandene Evidenz zum Thema bewertet wird, dass man sich logischen Prinzipien verpflichtet und auf persönliche Angriffe verzichtet. Daran scheitert es in der Regel bereits. In manchen Fällen, wie in diversen Spielarten der Alternativmedizin, reißt der Graben schon auf, indem zum Beispiel die Wissenschaft zur ungeeigneten Methode für die Bewertung von Ideen erklärt wird. Das klingt dann so:

- Wissenschaft: «Die Daten zeigen, dass die Therapie XYZ keine Wirksamkeit hat, die über die von Scheinmedikamenten (Placebo) hinausgeht.»
- Heiler nach Schule XYZ: «Die Wissenschaft ist nicht dazu geeignet, unsere Methode zu bewerten. Manche Dinge entziehen sich der Forschung und sind nicht erklärbar.»

Die Methoden und Ergebnisse der Wissenschaft sind stets auf zähen Widerstand aus vielen Bereichen der Gesellschaft gestoßen – Wirtschaft, Religion, Politik. Weniger bekannt ist, dass sich auch große Wissenschaftler heftig gegen Studien, Daten oder Erkenntnisse gewehrt haben, die ihre eigenen theoretischen Fundamente erschütterten oder sogar zerstörten. Galileo Galilei weigerte sich zum Beispiel, Johannes Keplers Hypothese zu akzeptieren, wonach der Mond für die Gezeiten auf der Erde mitverantwortlich ist. Isaac Newton glaubte fest daran, dass die Erde gerade mal 6000 Jahre alt ist. Die Argumente des irischen Erzbischofs Usher, der die Genesis auf das Jahr 4004 vor Christus datierte, hatten ihn stärker überzeugt als alles, was die Wissenschaft seiner Zeit anzubieten hatte.

Die Liste sturer Wissenschaftler führt weitere große Namen: Huygens und Leibniz lehnten Newtons Konzept der Gravitation ab. Eine universelle Kraft, die durch die Weiten des Weltalls hindurch wirken sollte, kanzelten die Herren als absurde Vorstellung ab. Es wurde über den Aufbau der Atome gezankt, über die antiintuitiven Voraussagen der Astronomie, wonach sterbende Sterne sich zunächst ausdehnen und dann zu einem Punkt kollabieren, und so weiter. Alle diese Streitpunkte sind gelöst und entschieden. Heute geht es um die Sicherheit der Grünen Gentechnik, die Zukunft der Energie und andere große Themen.

Das Procedere war und ist stets das gleiche: Anomale Daten werden erst einmal bezweifelt. Wenn sie sich nicht mehr leugnen lassen, dann wird als Nächstes die herrschende Theorie so weit angepasst, dass die Daten irgendwie dazu passen. Türmen sich schließlich zu viele Ergebnisse auf, die sich nur mit Mühe in das bestehende Gedankengebäude pressen lassen, werden sie vielleicht eine Weile als Ausnahmen, als Freaks betrachtet. Bis dann so viele Freaks in dem Gebäude leben, dass es doch endlich Zeit für einen Paradigmenwechsel ist.

Trotzdem ist in der Wissenschaft die Ansicht weit verbreitet, sie sei vor dem Bestätigungsfehler gefeit. Doch das Ideal vom Forscher, der kühl seine Daten betrachtet und sich den Fakten unterwirft – selbst wenn er dafür lange gehegte Überzeugungen über Bord werfen muss –, scheint mehr eine Idealvorstellung als eine Beschreibung der Realität zu sein. Es wäre ja auch ein Wunder, Wissenschaftler sind zwar oft komische Käuze, aber eben auch normale Menschen. Die Geschichte der Forschung kennt dennoch unzählige Beispiele dafür, dass alte Lehrsätze verabschiedet und durch neue ersetzt wurden. Dieser Umstand begründet schließlich den unbestreitbaren Erfolg der wissenschaftlichen Methode. Wie passt das zusammen?

Der Psychologe Raymond Nickerson bietet in einem Aufsatz eine interessante Lesart: «Es ist weniger der kritische Blick des einzelnen Wissenschaftlers auf seine eigenen Ideen, der der Wissenschaft als Methode zu dem großen Erfolg verholfen hat, so viele neue Entdeckungen zu machen; vielmehr liegt das daran, dass einzelne Wissenschaftler stets so hochmotiviert sind, zu beweisen, dass die Hypothesen ihrer Kollegen falsch sind.»

Anderen weisen wir liebend gerne Fehler nach. Der Chef? Kann selber nichts, außer meckern. Der Partner? Kümmert sich nur um sich und nicht um die Beziehung. Selbst halten wir mit größtem Vertrauen an unseren Ansichten fest. Gegenargumente zu eigenen Ideen finden? Vergessen Sie es. Wie Forscher um Asher Koriat und Sarah Lichtenstein gezeigt haben, gelingt uns das nicht. Menschen fällt es in der Regel leichter, Gründe zu finden, die für einen Schluss sprechen, den sie gezogen, oder eine Bewertung, die sie getroffen haben. Werden sie aufgefordert, Argumente zu finden, die ihren Ansichten widersprechen, fällt ihnen das sehr viel schwerer. Und die größten Probleme bereitet ihnen die Aufgabe, Gegenargumente zu ihren stärksten Überzeugungen zu erdenken. Manchmal zählt sogar die Aussage eines weltbekannten Autors über sein eigenes Werk nichts. Eine zweite Quelle muss her.

FAZIT:

Soll etwas widerlegt werden, fordern wir stärkere Beweise, als wenn etwas belegt werden soll. Lassen Sie deshalb die Finger von leicht angreifbaren Studien, wenn Sie Starrköpfe überzeugen wollen. Stützen Sie sich nur auf sehr, sehr harte Beweise.

Die Macht des Standards

In der klassischen Ökonomie schwirren seltsame Ideen durch die Lehrbücher. Die meisten dieser realitätsfernen Vorstellungen haben mit dem Menschen und seinem Verhalten zu tun, das im Weltbild der Wirtschaftswissenschaften von Rationalität geprägt ist. So gilt in der klassischen Ökonomie, dass Menschen stabile Einstellungen und Überzeugungen haben, auf deren Basis sie Entscheidungen treffen. Beispiel Organspende: Ob jemand nach seinem Tod die Leber an Kranke weitergeben will, müsste demnach feststehen. Wem etwa seine körperliche Unversehrtheit über den Tod hinaus wichtig ist, der wird wohl keinen Spenderausweis besitzen. Andere empfinden die Hilfe für Kranke als moralischen Auftrag und glauben, es sei unerheblich, was nach dem Tod mit ihrem Körper geschieht. Egal welche Gründe angeführt werden, die Einstellung an sich sollte stabil sein und nicht durch irrelevante Faktoren beeinflusst werden.

Doch die Psychologie vermasselt den Ökonomen die reine Lehre. Zahlreiche Studien haben in den vergangenen Jahren gezeigt, wie sehr auch völlig unbedeutende Details Einstellungen beeinflussen und Entscheidungen bestimmen können. Schon die Formulierung einer Frage kann dazu führen, dass Menschen die gleiche Handlung unterschiedlich betrachten und sich anders verhalten. Am Beispiel der Organspende haben das nun die Psychologen Lee Ross von der Universität Stanford sowie Shai Davidai und Thomas Gilovich von der Cornell University gezeigt. Sie demonstrieren in einer Studie, wie einzelne Regelungen die Einstellung und die Spendenbereitschaft von Menschen beeinflussen. Dabei verdeutlichten die Forscher ein fast universelles Denkmuster: Menschen weichen selten oder nur sehr ungerne vom vorgegebenen Standard ab – ein Spezialfall des *disconfirmation bias* mit großen Konsequenzen.

Die Wissenschaftler verglichen Probanden in Deutschland und Österreich – zwei Länder, die die Organspende unterschiedlich regeln. Weil sich beide Staaten kulturell sehr ähnelten, sei das «wie ein sehr aussagekräftiges Experiment unter natürlichen Bedingungen», schreibt Ross. Österreich wendet die Widerspruchsregelung an: Jeder ist automatisch Organspender, außer er entscheidet sich aktiv dagegen. In Deutschland verhält es sich andersherum, es ist Initiative nötig, um einen Spenderausweis zu bekommen. Die Spenderraten unterscheiden sich stark. In Österreich liegt sie bei fast 100 Prozent, in Deutschland bei nur etwa zwölf Prozent. Dass dies nicht nur daran liegt, dass viele potenzielle Spender aus Vergesslichkeit oder Bequemlichkeit keinen Ausweis beantragt haben, zeigten Forscher schon 2003 im Fachmagazin *Science*. «Der beste Prädikator für die Organspendenbereitschaft von Menschen ist die Bezeichnung der Standardoption, die gilt, ohne dass man ein Kästchen ankreuzen muss», schreibt auch der Psychologe Daniel Kahneman in seinem Buch «Schnelles Denken, langsames Denken».

«Wir glauben, dass die unterschiedlichen Standardrichtlinien die Bedeutung verändern, die Menschen dem Akt zuweisen, Organspender zu sein», sagen die Psychologen um Ross. Österreicher und Deutsche müssen unterschiedliche Entscheidungen treffen, die einen dagegen, die anderen dafür. Ross argumentiert, dass sich dabei die impliziten Fragen unterscheiden, die der Einzelne sich stellen muss. Bei der Einwilligungsregelung wie in Deutschland lautet sie sinngemäß: «Wollen Sie ein altruistischer Mensch sein, der tugendhafte Dinge auf sich nimmt, die nur die wenigsten wagen würden?» Die Widerspruchsregelung werfe eine andere Frage auf: «Wollen Sie etwa ein egoistischer Misanthrop sein, der nicht einmal nach seinem Tod für das Wohl anderer handelt?»

Ausgehend von diesen unbewussten Überlegungen, maßen die Probanden einer Organspende unterschiedliches Gewicht bei. Die Deutschen verglichen die Bereitschaft zur Organspende damit, 20 Prozent ihres Jahreseinkommens zu spenden, als sie aufgefordert wurden, den Wert dieses Akts zu quantifizieren. Die Österreicher stuften sie weniger hoch ein. Sie verglichen die Bereitschaft zur Spende damit, bei der Arbeit ihre Pflicht zu erledigen oder zwei Prozent des Jahreseinkommens für einen guten Zweck zu geben. Das sind große Unterschiede, die für zwei Länder mit gleicher Sprache, ähnlicher Kultur und Tradition überraschend sind. Wenn als Standardoption die Organspende gilt, werde dies als normales Verhalten akzeptiert, das nur wegen außergewöhnlicher Gründe unterlassen werde, so Ross. Im anderen Fall brauche es starke Gründe, um sich für die Spende zu entscheiden. So entscheidet letztlich die Standardregelung zur Organspende über tatsächliche Meinungen und Handlungen, nichtreligiöse oder moralische Gründe.

«Das ist beschämend – wir würden Entscheidungen lieber anders treffen», kommentiert Daniel Kahneman die Studienergebnisse. «Der Fall der Organspenden zeigt, dass die wissenschaftliche Debatte über die Frage, wie rational wir Menschen uns verhalten, weitreichende Folgen in der gesellschaftlichen Wirklichkeit hat.» In diesem konkreten Fall liegt auf der Hand, wie sich der Befund in politisches Handeln umwandeln ließe: Wenn eine hohe Rate von Organspendern im Interesse einer Gesellschaft ist, sollte die Widerspruchsregelung wie in Österreich eingeführt werden.

Das haben wir schon immer so gemacht, das ist einfach so üblich in unserer Firma, warum sollten wir Weihnachten dieses Jahr anders feiern als sonst – von der Standardoption weichen die meisten Menschen nicht ab. Kaum jemand konfiguriert seine Computerprogramme mit großer Mühe für die eigenen Bedürfnisse, wenn es auch eine vorgegebene Standardeinstellung gibt. Kaum jemand nutzt alle Möglichkeiten, sein Smartphone zu personalisieren. Ein Häkchen in einem Kästchen eines Online-Formulars wird eher stehen gelassen als aktiv gesetzt. Und so weiter. Das Gleiche gilt für Meinungen: Wir lieben zwar die klassische Figur des Rebellen, der gegen alle Widerstände aufbegehrt und am Ende recht behält. In der Praxis klammern wir uns aber meistens an konsensfähigen Ansichten fest – oder suchen uns Gruppen, in denen unsere Ansichten mehrheitsfähig sind.

FAZIT:

Starrköpfe und alle anderen Menschen weichen nur ungern von einem vorgegebenen Standard ab. Was schon immer so gemacht worden ist, wird auch weiter so gemacht.

Ideologie –
Es geht um mehr

Es klingt einfach und dadurch unglaubwürdig. Thabo Mbeki surfte im Internet, stieß auf die Webseiten von Aids-Leugnern wie dem gefallenen Virologen Peter Duesberg – und schenkte ihnen Glauben. Dann krempelte er als Präsident Südafrikas die Gesundheitspolitik seines Landes um. Und zwar im Sinne der Führungsfiguren jener Szene, die sich gegen einen überwältigenden wissenschaftlichen Konsens sperrte und sich beharrlich weigerte, den Zusammenhang von HIV und Aids anzuerkennen. Und das in einem Land, das wie kaum ein anderes fest im Griff der Seuche steckte. Die Politik Mbekis führte dazu, dass sich dieses Problem noch verschärfte. Im März 2013 berichtete der amtierende Gesundheitsminister, Aaron Motsoaledi, dass 28 Prozent aller Schülerinnen des Landes HIV-positiv seien. Insgesamt tragen etwa sechs Millionen Südafrikaner das Virus in sich – bei einer Gesamtbevölkerung von 50 Millionen Menschen. Alleine im Jahr 2012 forderte Aids 260 000 Tote in dem Land.

Und das alles, weil Thabo Mbeki unvoreingenommen vor seinem Rechner saß, sich durch die Webseiten klickte, bei den Aids-Leugnern landete und deren kruden Thesen glaubte, ohne weiter nachzudenken? Sicher nicht. Über die genauen Umstände können wir nur spekulieren. Doch offenbar haben die Behauptungen starke Emotionen bei Thabo Mbeki hervorgerufen und sich scheinbar passgenau in seine Sicht auf die Welt eingefügt. Der Politiker war bereit, die Botschaft der Getreuen Peter Duesbergs anzunehmen, weil diese die weltanschaulichen Knöpfe bedienten, die ihn erreichten.

Die öffentliche Diskussion um die Aids-Epidemie in Afrika und speziell Südafrika habe Thabo Mbeki gegen den Westen aufgebracht, berichtet Seth Kalichman in seinem Buch «Denying Aids». In Presseberichten und Fernsehbeiträgen schwang oft mehr oder weniger unterschwellig das Bild des sexuell unersättlichen, zügellosen und triebgesteuerten Afrikaners mit. Als läge es quasi in der Natur der dunkelhäutigen Bewohner des Kontinents, mit ihrem Verhalten für die Ausbreitung der Seuche zu sorgen. Tatsächlich berichteten auch seriöse Medien in den 1990er Jahren von gefährlichen Sexualpraktiken in Schwarzafrika, die dort gang und gäbe seien und mit gefährlichem Aberglauben verknüpft würden.

Ob diese Berichte zutreffen, ist nebensächlich. Bei Thabo Mbeki und wahrscheinlich vielen anderen Afrikanern sorgten sie für Wut und Ablehnung. Sie fassten die Berichterstattung als westliche Arroganz auf, als wollten die ehemaligen Kolonialherren abermals ihre Überlegenheit demonstrieren und auch noch das Sexualleben einfacher Afrikaner für die weltweite Ausbreitung einer Seuche verantwortlich machen.

Was die Aids-Leugner als Antwort zu bieten hatten, dürfte Trost gespendet haben: Es gebe gar keine Seuche. Und die Toten? Ja, die würden Opfer ihres eigenen verderbten Lebensstils, ihres Drogenkonsums, ihrer Homosexualität oder anderer Dinge, die man aus der Perspektive eines zornigen südafrikanischen Politikers als Ausdruck des «westlichen Lebensstils» bezeichnen könnte. So ließ sich ein ebenso radikales wie falsches Gegenbild zum wilden, sexuell enthemmten Afrikaner aufbauen, welches die Ohnmachtsgefühle gegenüber den reichen und überheblichen Ländern des Westens mutmaßlich etwas linderte: Der westliche Lebensstil habe die tugendhaften Afrikaner verderbt, von ihrer eigenen Natur entfernt, was sich in einer schrecklichen Krankheit ausdrücke. Und dann waren da noch die westlichen Pharmafirmen, die in den Augen vieler ohnehin Hort des Erzbösen sind. Die verkauften ihre Pillen mit Unterstützung ihrer Regierungen nach Afrika und verdienten dabei unvorstellbare Summen, schäumte Thabo Mbeki. Und fertig war die Verschwörungstheorie.

Die Verschwörungsphantasien mag noch befeuert haben, dass sehr viel mehr schwarze als weiße Südafrikaner an der Seuche litten. In einem Land, das gerade erst eine jahrzehntelange rassistische Herrschaft überwunden hatte und in dem die schwarze Bevölkerungsmehrheit überwiegend in Armut lebte, entfaltete dies natürlich einige Wucht. Alle Gegenargumente wertete Thabo Mbeki als weitere Belege für seine Version der Dinge. Er ging sogar so weit, das Idol Nelson Mandela als geschmierten Knecht der Pharmaindustrie zu bezichtigen. Man wollte ihn überzeugen, von seinem Weg abbringen, überreden, Medikamente anzunehmen – es passierte genau das, was Psychologen wie Stephan Lewandowsky und John Cook schildern: Müssen sich Menschen mit Informationen auseinandersetzen, die ihre Weltsicht, ihre Grundwerte oder ihre Ideologie in Frage stellen, wird ihr Fehlglaube damit erst recht zementiert. Statt die Gegenargumente zu bedenken, durchsuchen sie ihr Gedächtnis nach Gründen, die ihre Sicht der Dinge stützen. Und sie werden fündig. Ein überzeugter Anhänger der Homöopathie betrachtet zum Beispiel Kritik an dieser Heilmethode häufig als von der Pharmaindustrie bezahlte Kampagne und leitet daraus ab, seine Version der Medizin sei nötiger denn je.

Dummerweise treten Mythen oft als Gesamtpaket auf: Anhänger des Kreationismus sind meist tiefreligiös, Leugner des Klimawandels in der Regel äußerst konservativ. Die Attraktivität einzelner Verschwörungstheorien für Paranoiker hängt von deren politischer Weltanschauung ab. Der Psychologe Paul Slovic fand in detaillierten Umfragen Hinweise, dass Einstellungen zu bestimmten Fragen eng mit der grundsätzlichen Weltsicht einer

Person zusammenhängen und offenbar weniger eng mit den relevanten Fakten. Egalitäre Menschen («Wenn wir die Menschen gleicher behandeln, dann lösen wir viele Probleme») lehnten die Atomenergie in dieser Umfrage entschieden ab. Fatalistische («Ich kann sowieso nichts ausrichten») oder hierarchisch denkende Personen und Individualisten waren eher pro Atom eingestellt.

Und wer zum Beispiel fest von der Macht der freien Märkte überzeugt ist, glaubt eher daran, dass der Klimawandel eine Lüge und eine Verschwörung linker Ökofundamentalisten sei. Für so jemanden sind fossile Brennstoffe – die als Quelle von Kohlendioxid eine zentrale und negative Rolle in der Diskussion spielen – sehr wichtig für die Wirtschaft. Sie um des Klimaschutzes willen zu ersetzen oder weniger von ihnen zu verbrauchen, betrachten diese Verschwörungstheoretiker entsprechend als Bedrohung für die Wirtschaft, einen zentralen Wert in ihrer persönlichen Weltanschauung. Dass dies konkrete Auswirkungen haben kann, zeigten Wissenschaftler um Dena Gromet: Konservative Amerikaner verzichteten auf den Kauf von Energiesparlampen, sobald auf deren Verpackung dafür geworben wurde, dass dieses Produkt die Umwelt schonen helfe. Fehlte der Sticker, griffen sie hingegen zu – da mussten sie sich ja nicht mit diesen Öko-Spinnern gemeinmachen, die eine Bedrohung für den Marktliberalismus und die persönliche Freiheit sind.

Bei fundamentalistischen Christen lassen sich ähnliche Querverbindungen zu Ideen finden, die auf den ersten Blick nichts miteinander zu tun haben. Peter Duesberg erhält zum Beispiel einige Unterstützung aus rechtskonservativen und religiösen Kreisen. So nehmen Anhänger des Intelligent Design, des neuen Kreationismus, gerne seine Ansichten auf. Sie können eher die Idee akzeptieren, dass Aids quasi die Strafe für ein unreines Leben sein soll oder durch die menschliche Verschmutzung der

Schöpfung entstanden ist, als durch bloße Zufälle, die in Form von Viren ihre Opfer treffen.

Auch am anderen Ende des politischen Spektrums stößt man auf verborgene ideologische Fundamente, auf denen Starrköpfe ihre Denkgebäude errichten. Der Mythos von der Aids-Verschwörung spricht auch Menschen wie zum Beispiel radikale Umweltschützer an. Manche von ihnen betrachten außerdem mehr oder weniger alle Medikamente als pures Gift. Als gut gilt für sie nur, was sie als natürlich betrachten. Was Pharmakologen anbieten, wird hingegen als «chemische Substanz» abgetan. Oder: Wer im linken politischen Spektrum zu Hause ist, hat eher ein Herz für den Underdog und lehnt große, mächtige Strukturen ab. Auch das kann als Begründung für die Alternativmedizin (die Kleinen) und gegen die wissenschaftliche Medizin (große Pharmakonzerne) dienen. Ebenfalls in der linken Fraktion der Verschwörungstheoretiker wird behauptet, die CIA habe Martin Luther King getötet oder die Anschläge vom 11. September selbst in Auftrag gegeben, um einen Vorwand für militärische Kampagnen im Nahen Osten zu generieren.

Und so weiter – die Vielfalt der Ideen, die sich in einen weltanschaulichen Kontext betten, ist so enorm groß, dass sich damit viele Regalmeter Bücher füllen ließen. An dieser Stelle ist es zunächst wichtig, zu verstehen, dass es nicht immer der unmittelbare Inhalt eines Mythos ist, der ihn für einen Starrkopf attraktiv und verteidigenswert macht. Wichtig ist vielmehr die Frage, wie er sich in das bestehende Weltbild einfügt. Hat er sich dort erst einmal eingenistet, dann wird es sehr, sehr schwer, ihn wieder loszuwerden. Gegen das Bollwerk weltanschaulicher Überzeugungen anzukommen gleicht dem Versuch, einen Felsbrocken mit einer Laubsäge zu zerteilen.

Was tun? Aus der Psychologie kommen wenig ermutigende Ratschläge. Der wichtigste ist knapp und bündig zusammengefasst: Konzentrieren Sie Ihre Bemühungen auf Starrköpfe, deren Weltsicht nicht aus 100 Prozent Stahlbeton besteht. Insbesondere Informationskampagnen für ein breites Publikum sollten sich vorrangig an jene wenden, die noch nicht festgelegt sind oder bereits zweifeln.

FAZIT:

Achtung, Achtung – wenn sich ein Mythos in ein Weltbild fügt, ist er besonders schwer zu entkräften. Bedenken Sie das – und fragen Sie sich, ob es wirklich um die akuten Fehlinformationen geht oder ob der Starrkopf nur sein ideologisches Zuhause verteidigt.

STARRKÖPFE ÜBERZEUGEN

Verschweige den Mythos

In den Monaten vor dem 21. Dezember 2012 entspann sich eine regelrechte öffentliche Hysterie rund um den Kalender der Maya. Im System der Zeitrechnung des Volkes aus Mittelamerika endete an diesem Tag ein Zählzyklus, und ein neuer begann. Mehr nicht. In esoterischen Kreisen wurde dies in den Jahren vor dem Termin begeistert aufgenommen und in Ratgebern, Seminaren und anderen Angeboten ausgeschlachtet. Das Datum wurde zum Termin des Weltuntergangs aufgebauscht oder wenigstens als Beginn der Zeitenwende verkauft.

Seit jeher umgibt die Maya ein mystischer Hauch. Ihre Zivilisation brachte großartige Bauwerke wie die Pyramiden von Tikal oder Chichen Itza hervor, die heute von unzähligen Touristen auf Mexiko- oder Guatemalareisen besucht werden. Die große Pyramide von Chichen Itza auf der mexikanischen Halbinsel Yucatan umwehen besondere Geheimnisse. Zu den Tagundnachtgleichen am 21. März und 21. September ereignet sich dort ein phantastisches Schauspiel. Das Sonnenlicht fällt zu einem bestimmten Zeitpunkt so auf die Stufen der Pyramide, dass sich ein gewellter Schatten auf der Brüstung der Stufen bildet, die vom Tempelgebäude auf der Spitze der Pyramide hinabführen. An den Enden der Stufen befinden sich große Schlangenköpfe aus Stein. Und wenn die Sonne richtig steht, verbinden sich die gewellten Schatten genau mit diesen Köpfen. Es scheint, als stiege der Schlangengott hinab zu den Menschen.

In New-Age-Kreisen wird das Ereignis regelmäßig gefeiert. Es befeuert die romantische Verklärung der Maya. Dass ihre Zivilisation unter rätselhaften Umstanden zusammengebrochen ist, noch bevor die Spanier Mittelamerika erreichten, verleiht dem Mythos weitere Kraft. Den Maya trauen viele Menschen mit esoterischem Hang zu, über geheimes Wissen zu verfügen – ein Wissen, das unserer modernen Zivilisation längst abhandengekommen sei.

Aus dieser – sehr verkürzt dargestellten – Gemengelage entwickelte sich eine rege New-Age-Publikationstätigkeit rund um die Maya und ihren Kalender. Schier unzählige Bücher über den bevorstehenden Untergang der Welt oder ihre Transformation in höhere und bessere Sphären wurden veröffentlicht. Dabei konnte der Eindruck entstehen, dass zwischen Flensburg und Berchtesgaden kaum noch ein Yoga-Kurs stattfinden konnte, weil die Lehrerinnen und Lehrer alle am Schreibtisch sitzen mussten, um auch noch schnell ein Buch über die irren Chancen und Risiken des 21. Dezember 2012 zu schreiben.

Doch wie schaffte es ein Thema aus den New-Age-Ecken der Buchhandlungen und den eher düsteren Bereichen des Internets in das Bewusstsein fast der ganzen Welt? Warum interessierte sich auf einmal die halbe Menschheit für den Maya-Kalender, obwohl kaum jemand an einen drohenden Weltuntergang glaubte? Die Verbreitung dieser Mär ist zum Großteil den Versuchen zu verdanken, sie zu widerlegen. Blogger, Journalisten und auch die sozialen Netzwerke entfalteten eine rege Gegenpublikationstätigkeit, die das Thema überhaupt erst auf die Agenda einer breiteren Öffentlichkeit setzte.

Die Geschichte vom 21. Dezember 2012 und dem Kalender der Maya ist harmlos – der Glaube an den Weltuntergang ängstigte sicher einige Menschen, doch für die Mehrheit lieferte er eher skurrile Geschichten und eine Quelle für Scherze. Doch das Beispiel veranschaulicht das wohl größte Dilemma beim Umgang mit Fehlinformationen: Wer einen Mythos entkräften will, wiederholt ihn fast zwangsläufig. Und jede Erwähnung führt dazu, dass die Geschichte vertrauter wird, die widerlegt werden soll. Und je vertrauter eine Sache einem Menschen ist, desto eher schenkt er ihr auch Glauben. In der Psychologie wird in diesem Zusammenhang von einem *familiarity backfire effect* gesprochen. Auf Deutsch lässt sich das etwas ungelenk als Rückschlageffekt durch Vertrautheit übersetzen, deshalb halten wir uns lieber an den englischen Begriff.

Wie stark diese Art des *backfire effect* wirkt und wie sehr die Wiederholung von Fehlinformationen die Erinnerung beeinträchtigt, haben Ian Skurnik und Nobert Schwarz untersucht. Die Wissenschaftler gaben Probanden Flyer, auf denen verbreitete Ängste im Zusammenhang mit Grippeimpfungen entkräftet wurden. Dabei handelte es sich um Informationsmaterial, das die US-amerikanische Seuchenschutzbehörde CDC (Centers for Disease Control) im Jahr 2006 veröffentlicht hatte, um gegen Fehlinformationen rund um die Grippeimpfung vorzugehen. Das Material war in einem gängigen Mythen-Fakten-Muster aufbereitet, hatte folgenden Inhalt und in etwa die folgende Präsentation:

Die Grippeimpfung.
Fakten und Mythen

«Menschen können an der Grippe sterben.»
Wahr

Influenza (Grippe) ist eine hoch infektiöse Krankheit der Lungen und kann zu Lungenentzündung führen. Jedes Jahr werden in den USA 114 000 grippekranke Menschen im Krankenhaus behandelt, etwa 36 000 Menschen sterben an der Krankheit. Die meisten Toten waren 65 Jahre und älter. Aber kleine Kinder unter zwei Jahren haben das gleiche Sterberisiko wie Menschen über 65 und sollten bei Grippe im Krankenhaus behandelt werden.

«Sogar wenn ich mich gegen Grippe habe impfen lassen, kann ich eine milde Form der Krankheit bekommen.»
Wahr

Der Impfstoff schützt die meisten Menschen vor der Grippe. Manchmal kann sich zwar auch ein Patient trotz Immunisierung anstecken, doch der Verlauf wird milder sein als ohne Impfung. Die Grippeimpfung schützt nicht vor anderen Viren, die grippeähnliche Symptome verursachen.

«Die Nebenwirkungen der Impfung sind schlimmer als die Grippe selbst.»
Falsch

Die schlimmsten Nebenwirkungen bei einer Impfung per Injektion sind erwartungsgemäß Schmerzen im Arm. Eine Impfung per Nasenspray kann eine verstopfte Nase, eine laufende Nase, Halsschmerzen und Husten verursachen. Das Risiko einer starken allergischen Reaktion ist viel geringer als das Risiko gravierender Komplikationen durch eine Grippe.

«Nicht jeder kann sich impfen lassen.»
Wahr

Wenn Sie gegen Eier allergisch (werden bei der Herstellung des Impfstoffs verwendet) oder sehr krank mit hohem Fieber sind, beziehungsweise in der Vergangenheit eine heftige Reaktion auf die Grippeimpfung gezeigt haben, sollten Sie darauf verzichten.

«Nur alte Leute sollten sich impfen lassen.»
Falsch

Erwachsene und Kinder, die an Asthma, Diabetes, Herz- oder Nierenkrankheiten leiden, sollten sich unbedingt impfen lassen. Gesunde und aktive Menschen können ebenfalls von einer Grippeimpfung profitieren.

«Sie müssen die Impfung vor Dezember bekommen.»
Falsch

Eine Impfung kann auch während der Grippesaison gegeben werden. Die beste Zeit für die Immunisierung ist zwar Oktober oder November, aber auch eine Impfung im Dezember oder sogar später kann Sie schützen.

Die Wissenschaftler baten ihre Probanden, den Flyer der CDC sorgfältig zu lesen. Anschließend wurden ihnen die kursiven Statements separat vorgelegt, und sie sollten sagen, ob diese richtig oder falsch seien. Kurz nach der Lektüre der CDC-Informationen stellte diese Aufgabe kein Problem dar. Eine halbe Stunde später veränderte sich das Bild jedoch: Was gerade noch sonnenklar gewesen war, verfinsterte sich. Die Sicherheit, mit der die Versuchspersonen nun Fakten von Mythen unterscheiden konnten, hatte stark nachgelassen. Mit Schlagseite in eine Richtung: Es wurden deutlich mehr Mythen für Fakten gehalten als umgekehrt.

Die meisten Probanden wussten die Antwort offenbar nicht mehr sicher – und verließen sich auf ihr Bauchgefühl. Und das wird wesentlich vom Eindruck der Vertrautheit gesteuert. «Die Erinnerung war da schon verblasst, und die Leute erinnerten sich nur noch an die Mythen ohne den Zusatz, dass diese falsch sind», kommentieren die australischen Psychologen John Cook und Stephan Lewandowsky in ihrer Broschüre «The Debunking Handbook». Mit etwas zeitlicher Verzögerung hatten die meisten Probanden sogar mehr Irrtümer verinnerlicht als vor der Lektüre des Flyers.

Die Fakten-Mythen-Darstellung von Informationen führt nicht zum gewünschten Ziel – sondern produziert zuverlässig Eigentore. Das zeigte sich auch an den Einstellungen der Probanden, die Ian Skurnik und Norbert Schwarz zusätzlich ermittelten. Direkt nachdem sie den CDC-Flyer gelesen hatten, äußerten sie eine positivere Meinung zur Grippeimpfung als Mitglieder einer Kontrollgruppe, die den Handzettel nicht kannten. Sie gaben auch eher an, sich nun selbst bald immunisieren zu lassen. Nach einer halben Stunde hatten sich die Ansichten zur Impfung jedoch wieder geändert – und auch die Motivation, diese in Anspruch zu nehmen, war deutlich geringer. Es hatten sich wieder Zweifel eingeschlichen – durch die Mythen, denen die Probanden ebenfalls ausgesetzt gewesen waren. Die Mitglieder einer weiteren Kontrollgruppe nämlich, die lediglich Fakten und keine Mythen gelesen hatten, waren sich auch nach 30 Minuten noch sicher, wie sie zu einer Grippeimpfung standen und ob sie diese für sich in Anspruch nehmen wollten.

Vermeiden Sie also idealerweise, den Mythos zu erwähnen, den Sie gerade widerlegen. Das könnten mühsame Gespräche werden, aber denken Sie an den ehemaligen Bundeskanzler Gerhard Schröder: Der ging einst mit großem Getöse gegen einen Bericht vor, der ihm unterstellte, er färbe sich die Haare. Hätte Schröder einfach geschwiegen, hätte kaum ein Mensch von diesem Vorwurf erfahren. Indem er sich aber dagegen wehrte, machte er den Vorwurf publik – und sich selbst lächerlich. Am Ende verbreitete sich die Ansicht, der Kanzler mit den teuren Brioni-Anzügen färbe seine Haare und stehe nicht mal dazu. Auch Bettina Wulff hat womöglich die Behauptung bekannter gemacht, die sie eigentlich aus der Welt schaffen wollte: Die Ex-Gattin des ehemaligen Bundespräsidenten Christian Wulff wehrte sich gegen Gerüchte, sie habe einst als Prostituierte gearbeitet.

Das Beispiel der Präsidentengattin zeigt, wie schwer die Situation oft zu lösen ist: Sie wollte sich gegen wahrscheinlich bösartige und verletzende Gerüchte zur Wehr setzen. Wie soll das gehen, ohne diese Behauptung explizit zu benennen? In der Diskussion mit Starrköpfen lässt sich der Mythos oder die zu widerlegende Behauptung immerhin manchmal leichter verschweigen. Wiederholen Sie zum Beispiel keinesfalls die Vorwürfe, die Ihr Lebenspartner in einer Auseinandersetzung macht.

Nehmen wir einen hypothetischen und lächerlichen Streit rund um eine Tätigkeit im Haushalt an. Sagen wir, einer der beiden hat den Müll nicht zur Tonne gebracht, obwohl er darum gebeten worden ist. Schnell werden im Streit grundsätzliche Vorwürfe laut: «Nie bringst du den Müll raus.» Oder: «Wenn ich dich um etwas bitte, erledigst du das grundsätzlich nicht.» Bekommen Sie solche (bestimmt unberechtigten) Vorwürfe an den Kopf geworfen, so wiederholen Sie diese nicht, wenn Sie antworten. Sagen, schreien oder stammeln Sie bloß nicht: «Du sagst immer, ich bringe nicht den Müll raus, das stimmt nicht.» Verschweigen Sie den Vorwurf. Sagen Sie etwas anderes. Genauso, wenn Ihr Chef Ihnen einen Vorwurf macht oder auf ein Versäumnis hinweist. Wenn Gerüchte über Sie kursieren, erwähnen Sie diese nicht.

Betonen Sie stattdessen gleich zu Beginn des Gesprächs die

Fakten, nicht aber den Mythos. Denn mit den Fakten sollen die Menschen vertrauter gemacht werden. Sie sollte man selbstverständlich verstehbar und prägnant darstellen. Alles, was das Verständnis fördert, erhöht die Wahrscheinlichkeit, dass etwas als wahr gilt. Schon ein gut lesbares Schriftbild unterstützt diesen Effekt. Oft wird aber der Mythos in der Überschrift in gefetteter, gut lesbarer Schrift dargestellt und darunter – quasi im Kleingedruckten – widerlegt. Das ist keine gute Lösung.

Wie es funktionieren könnte, zeigen Cook und Lewandowsky in ihrem «Debunking Handbook» an einem Beispiel aus der Klimaforschung. In diesem Bereich wurde in den vergangenen Jahren viel über den Einfluss der Sonnenaktivität diskutiert. Wer einen Klimaskeptiker auf diesem Themenfeld mit einem Schriftstück überzeugen möchte, könnte das in dieser Form machen:

In der Überschrift werden die wichtigsten Fakten betont:

Die Sonne und das Klima auf der Erde entwickeln sich in entgegengesetzte Richtungen

Am Anfang des Textes werden diese Argumente erläutert:

Während sich das globale Klima in den vergangenen Jahrzehnten erwärmt hat, zeigte die Sonne in der gleichen Zeit einen leichten Kühlungstrend. Sonne und Klima entwickeln sich in verschiedene Richtungen. Deshalb haben zahlreiche Wissenschaftler unabhängig voneinander den Schluss gezogen, dass die Sonnenaktivität nicht der Auslöser der globalen Erwärmung sein kann.

Erst jetzt wird der Mythos erwähnt:

Einer der am weitesten verbreiteten und hartnäckigsten Mythen zum Klimawandel ist der Glaube, dass die Sonnenaktivität Ursache der globalen Erwärmung sei.

Eine kurze Erklärung, wie dieser Irrtum in die Welt kommt:

Dieser Mythos basiert darauf, lediglich die passenden Rosinen aus den Studien zu ziehen: Man betont die Perioden, in denen sich die Sonnenaktivität und das irdische Klima parallel entwickelt haben, und ignoriert die vergangenen zwei Jahrzehnte komplett, in denen sich die Entwicklung entkoppelt hat.

FAZIT:

Sobald die direkte Erinnerung verblasst, verlassen sich Menschen wieder unbewusst auf die Faustregel: «Was sich vertraut anfühlt, wird schon stimmen.» Wiederhole niemals, was dem Starrkopf nicht vertraut erscheinen darf. Stattdessen sollte man sich auf die Fakten konzentrieren und diese wiederholen – und so vertrauter machen. Die Fakten sprechen, der Mythos schweigt.

Quellenkritik

Der Flyer der amerikanischen Seuchenschutzbehörde wirft das Licht auf ein weiteres Problem, das in dieser Art der Darstellung lauert: Das Material verleiht den falschen Behauptungen am Ende auch noch Gewicht. Hat jemand diese Informationsbroschüre gelesen und glaubt später an einen der Irrtümer, bringt er das womöglich mit der amerikanischen Seuchenschutzbehörde in Verbindung – einer sehr vertrauenswürdigen Quelle. Dann heißt es am Ende: «Sogar die CDC sagt, dass die Nebenwirkungen der Impfungen schlimmer sind als die Krankheit.»

Das zeigt zum Beispiel eine der Geschichten auf der Webseite, auf der der Autor David Emery Informationen zu urbanen Legenden sammelt. Im Jahr 2000 kursierte ein Wahnsinnsgerücht im Internet, das schließlich als die große Bananen-Angst bekannt wurde. Demnach seien mehrere Ladungen Bananen aus Costa Rica nach Kalifornien verschifft worden, die mit gefährlichen Keimen verseucht seien. Es handele sich um eine Art der Streptokokken, die eine nekrotisierende Fasziitis auslösen könne – eine Infektion der Haut, bei der das betroffene Gewebe absterben kann. Das jedenfalls wurde in den E-Mails behauptet, über die sich das Gerücht verbreitete. Die Mails warnten eindringlich: Wer in den vergangenen zwei bis drei Tagen Bananen gegessen habe und nun an Fieber sowie Hautreizungen leide (das trifft wohl auf sehr, sehr viele Menschen zu), der solle schnellstens einen Arzt aufsuchen. Die Keime seien als «fleischfressende Bakterien» bekannt und hätten ganze Affenpopulationen in Costa Rica ausgelöscht.

Das Gerücht verbreitete sich «schneller als die Grippe», hieß es damals. Die Furcht vor fleischfressenden Killerbananen nahm binnen weniger Wochen derartige Ausmaße an, dass die amerikanische Seuchenschutzbehörde CDC eine Hotline für das Thema einrichtete und sich zu einem offiziellen Statement genötigt sah. Ein Auszug daraus lautete:

«Im Internet verbreiten sich falsche Nachrichten über eine nekrotisierende Fasziitis, die im Zusammenhang mit Bananen stehen soll. Die Bakterien, die üblicherweise eine nekrotisierende Fasziitis auslösen, leben häufig im menschlichen Körper. Der normale Übertragungsweg findet von Mensch zu Mensch statt. Manchmal können die Keime auch durch Lebensmittel übertragen werden, aber das ist bei nekrotisierender Fasziitis sehr unwahrscheinlich. Die FDA und die CDC sind sich einig, dass die Bakterien auf der Oberfläche einer Banane nicht lange überleben können.»

Dieses Statement verschaffte dem Gerücht ganz neuen Schwung. Es hatte den Mythos, den es widerlegen wollte, wiederholt, und auch die Entkräftung war etwas, nun ja, zaghaft und differenziert. In den Tagen darauf machten E-Mails mit neuem Inhalt die Runde: Sie betonten, dass sogar die CDC in einem offiziellen Statement die Existenz des Problems anerkannt hätte und eindringlich davor warnte. Jetzt berichteten die *Los Angeles Times* sowie andere Zeitungen über die große Angst vor fleischfressenden Bananen. Und schließlich wurde auch diese Zeitung als Quelle und Beleg für die Glaubwürdigkeit des Gerüchts angeführt.

Vertraute Informationen assoziieren wir eher mit seriösen Quellen. Wenn uns etwas fremd und neu ist, schreiben wir es hingegen eher unzuverlässigen Quellen zu. Zu Beginn war die Geschichte über die fleischfressenden Bananen nichts als eine wilde Räuberpistole aus dem Internet – neu, fremd und unglaubwürdig. Dann verbreitete sich das Gerücht und erlangte in einem wachsenden Personenkreis Vertrautheit. Als sich dann auch noch die CDC mit einem Statement einschaltete, verknüpften viele diese seriöse Quelle mit dem nun geläufigen Gerücht. Aus dem absurd-lächerlichen Bananen-Schocker war eine glaubwürdige und beunruhigende Geschichte geworden.

Ähnlich ist es zum Beispiel in der Diskussion mit Menschen, die Impfungen ablehnen. Zahlreiche deutschsprachige Internetseiten mühen sich, Geschichten zu sammeln und zu verbreiten, die Immunisierungen als gefährlich und unsinnig diskreditieren. Das Robert-Koch-Institut (RKI) und dessen Ständige Impfkommission (Stiko) zählen zum Hauptfeindbild dieser Verschwörungstheoretiker. Auf den Empfehlungen der Stiko basiert der Impfplan, an dem sich Ärzte orientieren. Und das RKI äußert sich – notgedrungen – regelmäßig zu den Vorwürfen der Impfskeptiker, was notwendig ist. Die ungewollte Nebenwirkung besteht jedoch darin, dass immer wieder wilde Behauptungen über angebliche gravierende Schäden durch Impfungen ausgerechnet dem RKI in den Mund gelegt werden: Selbst das RKI habe dieses oder jenes zugegeben, heißt es dann auf den Internetseiten oder in Diskussionsforen. So wird eine Fehlinformation mit einer falschen Quelle geadelt und in die Welt entlassen.

Psychologen um Alison Fragale haben diesen Effekt näher studiert. Ihre Ergebnisse verdeutlichen nochmals eindringlich, wie wichtig es ist, den Mythos zu verschweigen und die Fakten zu betonen. Für ihren Versuch bombardierten die Psychologen ihre Probanden mit Statements drastischen Inhalts. Etwa, dass die Becher eines beliebten Nudelinstantgerichts mit einem Stoff behandelt seien, der Krebs erregen könne. Diese Statements wurden den Teilnehmern zwischen ein- und fünfmal gezeigt. Anschließend sollten sie raten, aus welcher Quelle die Aussagen ursprünglich stammten. Zur Auswahl standen zum Beispiel der

National Enquirer, ein Magazin mit mäßigem Ruf, und die hoch-seriösen *Consumer Reports* (so etwas wie das *Test-Heft* der deutschen Stiftung Warentest). Waren den Teilnehmern die Statements durch Wiederholung geläufig, schrieben sie sie eher den qualitativ hochwertigen Quellen zu.

Geläufiges fühlt sich wahr an, und Wahrheit muss aus guten Quellen stammen. Leider verleitet das «Habe-ich-irgendwo-gelesen»-Gefühl Menschen dazu, Irrglauben auch zu verbreiten. Sie sind schließlich überzeugt, dass ihre Botschaft von guten Quellen gestützt wird. Denn die Erinnerung an eine Aussage hält sich meist länger als die an die Quelle, aus der sie stammt. Die Erinnerung an den Kontext einer Information verblasst rasch – um sie aufrechtzuerhalten, braucht es aktives analytisches Denken, das kostet Energie. Es ist einfach anstrengend, sich an alle Details zu erinnern. Das Gefühl von Vertrautheit ist die Domäne der automatischen Verarbeitungsprozesse im Gehirn, es bleibt von solchen lästigen, aber wichtigen Details wie Kontext und Quelle hingegen unberührt und wird mit Leichtigkeit erinnert. Wer Menschen ablenkt, während sie Erinnerungen abrufen oder gerade etwas lernen, kann die Erinnerung an den Kontext stark beeinträchtigen. Er stört damit das bewusste, aufmerksame Denken. Das spätere Gefühl von Vertrautheit bleibt davon hingegen unberührt.

Mit steigendem Alter lässt die Erinnerung an den Kontext einer Nachricht zusätzlich nach; es bleibt das Gefühl der Vertrautheit. Unter anderem hat dies eine Studie zum *false fame effect* (falscher Promi-Effekt) gezeigt. Junge Probanden konnten Gesichter unbekannter Menschen später besser zwischen denen von Berühmtheiten identifizieren, wenn ihnen die Fotos der Normalos zuvor besonders häufig präsentiert worden waren. Bei den älteren Probanden stellte sich der gegenteilige Effekt ein: Sie konnten die Fotos nicht gut unterscheiden und hielten die unbekannten

Personen, deren Gesichter sie zuvor häufig angesehen hatten, fälschlicherweise für Prominente. Die Vertrautheit mit einer Information setzte sich hier gegen den Kontext durch, in dem diese präsentiert wurde.

FAZIT:

Wenn Fehlinformationen von anerkannten Forschungsinstituten sowie Behörden, von seriösen Medien oder glaubwürdigen Experten widerlegt werden, gilt es ganz besonders: die Fakten betonen, die Mythen verschweigen. Andernfalls assoziiert das Publikum später die Fehlinformationen mit den Quellen, die eigentlich dagegen vorgehen wollten. Das verleiht Gerüchten zusätzliche Glaubwürdigkeit und stiftet weitere Verwirrung.

Weniger ist mehr –
Die Macht der Verfügbarkeit

Fluch der Möglichkeiten

Gut, es ist jetzt wirklich spät für diese Fragen. Aber das macht die Sache umso dringender. Wo soll es hingehen in den Urlaub? Mit dem Flieger in die Ferne oder mit dem Auto über den Brenner? In ein Hotel, in ein Ferienhaus oder auf den Campingplatz? Und ist das Angebot wirklich günstig? Überhaupt, das Hotel. Die Fotos im Katalog sind ja kein guter Hinweis darauf, ob die Anlage der Lyrik aus dem Reisekatalog gerecht wird. Weiß doch jeder, dass sich noch die schlimmste Kakerlaken-Pfütze von Pool so fotografieren lässt, dass sie aussieht, als hätte sie sich ein saudischer Prinz anlegen lassen. Sollte man sich also nicht diesen Moment der Ernüchterung ersparen, der im Urlaub lauert, und zu Hause bleiben? Es muss eine Entscheidung her.

Urlaubsplanung strengt an. Doch im Kern geht es hier gar nicht um die Frage, ob es nun der Norden oder der Süden sein soll; vielmehr geht es um einen grundsätzlichen Fluch der Moderne: Das Leben hält zu viele Möglichkeiten bereit. Ständig bleibt man mit dem Gefühl zurück, dass eine Entscheidung nicht optimal war und eine der verworfenen Alternativen besser gewesen wäre. In zahlreichen Studien haben Psychologen beobachtet, dass viele Menschen gar nicht mehr entscheiden wollen oder ihre Wahl später bereuen, wenn eine Messlatte der Möglichkeiten durchbrochen wird. *Choice overload* wird dieses Phänomen genannt, Entscheidungsüberlastung.

Das ist auch für die Überzeugung von Starrköpfen relevant:

Überfordern Sie Ihre Diskussionspartner nicht mit zu vielen Argumenten. Verhindern Sie, dass Ihr Gegenüber zu viele Dinge, zu viele Informationen und damit zu viele Möglichkeiten bedenken muss. Manchmal entfalten weniger Argumente stärkere Kraft als eine längere Liste an Aussagen. Vor allem in Vorträgen und mündlichen Debatten verwirren zu viele Informationen. Mehr Argumente verringern die Kraft ihrer Überzeugung. Manchmal ist weniger also mehr – wir werden sehen, warum.

Jeong-Yeol Park und Shawn Jang von der Purdue University zeigten im Fachmagazin *Tourism Management*, dass auch Konsumenten auf dem Reisemarkt damit kämpfen, dass zu viel Auswahl geboten wird. Die Tourismusbranche biete außergewöhnlich viele Wahlmöglichkeiten – so viele, dass eine Entscheidungsüberlastung wahrscheinlich sei. Die Forscher forderten ihre Probanden auf, sich zwischen Reisen nach Orlando in Florida sowie Acapulco in Mexiko zu entscheiden. Dabei lagen ihnen entweder eine, drei, zehn, 20 oder 30 Reisevarianten vor. In der klassischen Ökonomie gilt, dass mehr Möglichkeiten grundsätzlich eine gute Sache sind. Denn, so die Überlegung, mit der Größe der Auswahl steigt auch die Wahrscheinlichkeit, dass das optimale Angebot darunter ist. Das steigere den Nutzen für den Kunden.

Bis zu einem gewissen Grad trifft das wohl zu. Park und Jang beobachteten, dass mehr als die Hälfte der Probanden auf eine Entscheidung verzichtete, wenn sie nur ein Reiseangebot vorliegen hatte. Stieg die Auswahl, fiel es ihnen leichter, sich für irgendein Angebot zu entscheiden. Mussten sie aber mehr als 22 Angebote begutachten, nahm die Zahl derjenigen wieder zu, die gar keine Wahl treffen wollten. «Wenn zu viele Möglichkeiten angeboten werden, schieben Kunden ihre Entscheidung auf, um spätere Reuegefühle zu vermeiden», folgerten Park und Jang. Die Probanden, die sich trotz vieler Möglichkeiten entschieden, ärgerten sich anschließend tatsächlich über ihre Wahl – im Gegensatz zu denen, die auf eine fiktive Buchung verzichtet hatten.

Das Phänomen der Entscheidungsüberlastung zeigt sich in vielen Bereichen. Sheena Iyengar von der Columbia University und Mark Lepper von der Universität Stanford haben dazu eine mittlerweile klassische Studie veröffentlicht. Die Psychologen boten im Supermarkt ausgefallene Marmeladensorten an. Entweder hielten sie an ihrem Stand sechs verschiedene Marmeladen zur Probe bereit oder 24. Aus dem breiten Angebot kauften nur drei Prozent der Tester; die auf sechs Sorten reduzierte Auslage motivierte hingegen 30 Prozent zu einem Kauf.

Experimente dieser Art haben Psychologen in großer Zahl publiziert: Stifte, Schokolade, Kaffee oder Geschenkkörbe – übertraf die Auswahl eine gewisse Größe, waren die Kunden unglücklich. Ähnliche Effekte zeigen sich auch in Bereichen, die nicht unbedingt etwas mit dem Erwerb von Konsumgütern zu tun haben. So sinkt die Qualität von Essays mit der Zahl der Themen, aus denen Autoren wählen können. Und je mehr unterschiedliche Varianten privater Pensionspläne eine Firma anbot, so beobachteten Iyengar und Lepper, desto weniger Angestellte nahmen diese in Anspruch.

Mit der Zahl der Möglichkeiten verringern sich die Unterschiede zwischen attraktiven Optionen – gleichzeitig steigt die Informationsmenge, die für eine optimale Wahl durchgeackert werden müsste. Vor diesem Aufwand fürchten sich Konsumenten: Was sind zwei Wochen Urlaub wert, wenn man dafür drei Monate Kataloge durchwühlt und mit dem Partner über Kreuz liegt? Und wie rechtfertigt man eine Wahl vor sich und anderen, wenn Unterschiede und Vorteile unklar wie das Wasser eines umgekippten Hotelpools sind? Wenn dann ein Haar in der Suppe auftaucht, nimmt es der Kunde als Argument dafür wahr, dass er von Anfang an auf das falsche Pferd gesetzt hat. Toll, schon wieder in einem miesen Hotel gelandet und sich schon wieder an der falschen Supermarktkasse angestellt.

Hilft es wenigstens, wenn sich Konsumenten dieser Mechanismen bewusst sind und den Effekt der Entscheidungsüberlastung bedenken? Nein, offenbar demotiviert das sogar eher, überhaupt eine Entscheidung zu treffen, schreiben Forscher um Benjamin Scheibehenne in einer Meta-Studie im *Journal of Consumer Research*. Der Psychologe von der Universität Basel zieht daraus den Schluss: «Ganz praktisch sollten Marktteilnehmer und die Politik darüber nachdenken, ob sie den Menschen wirklich immer neue Wahlmöglichkeiten aufbürden.» Der amerikanische Politologe Robert Lane stellte 2000 gar die These auf, dass die ständige Ausweitung der Wahlmöglichkeiten zum Rückgang des durchschnittlichen Wohlergehens der Bürger in den kapitalistischen Demokratien beitrage. Wer sich auf die Suche nach einem Handytarif oder dem perfekten Urlaubsangebot macht, der wird Lane rasch und entnervt zustimmen.

Außerhalb der Psychologenlabore haben sich Konsumenten zum Teil auf die Angebotslawine eingestellt. Sie kaufen oft das Gleiche, haben Lieblingsmarken, putzen sich jahrzehntelang mit der gleichen Zahnpasta die Zähne, gehen in bevorzugte Restaurants und blenden auf diese Weise den ansonsten verstörenden Großteil der Möglichkeiten aus. Trotzdem rasseln sie immer wieder in die Falle, denn irgendwann brauchen sie einen neuen Handytarif, wollen in den Urlaub, sollen den Stromanbieter wechseln, müssen sich für einen Beruf entscheiden oder suchen im Internet nach einem Partner. Und dann wollen sie unter all diesen unbekannten Möglichkeiten unbedingt die beste Wahl erkennen. Also, wo wird dieses Jahr der perfekte Urlaub verbracht?

FAZIT:

Nicht immer sind mehr Möglichkeiten wünschenswert. Gelegentlich hilft es, die Auswahl zu reduzieren. Das gilt nicht nur für Urlaubsmöglichkeiten, sondern auch für Diskussionen.

Verfügbarkeit

Der Haushalt ist ein Schlachtfeld, auf dem seit Urzeiten blutige Gefechte ausgetragen werden. Es stehen sich verfeindete Parteien gegenüber, die einander kritisieren und irgendwelcher Verfehlungen bezichtigen, insbesondere der Passivität oder Untätigkeit. Trotzdem sind die Kombattanten innig verbunden: Man nennt das Ehe oder, wenn der Trauschein fehlt, Partnerschaft. Diese Schilderung klingt zugegebenermaßen etwas drastisch – doch es geht auch in Partnerschaften um die Themen weniger und mehr, auch wenn das erst einmal recht weit hergeholt klingt. Die Konstellation ist dabei stets die gleiche: Jeder von beiden findet, dass er mehr Arbeit im Haushalt leistet als der jeweils andere. Kennen wir. Der eine wäscht nie die dreckigen Teller ab, bringt nie den Müll runter, schraubt nie die Zahnpasta zu, steht nie auf, wenn das Baby nachts schreit. Der andere lässt immer seine Socken fallen und vergisst sie dann aufzuheben; fährt immer den Tank im Auto leer und lässt den Wagen dann einfach stehen; drückt sich immer vor der Steuererklärung. Und so weiter und so weiter …

Was hat das mit der Diskussion mit Starrköpfen zu tun? Sehr viel, es geht um die sogenannte Verfügbarkeit. Das bezeichnet die Leichtigkeit, mit der einem Dinge einfallen – je weniger Mühe das kostet, desto mehr werten wir dies als Indiz für die Richtigkeit einer Meinung. So ist zum Beispiel eine Erkältung alleine durch den Namen der Erkrankung fest mit dem Temperaturempfinden verknüpft. Wem der Hals kratzt, die Nase läuft und der Husten plagt, der schiebt das gerne auf das Wetter, die Jahreszeit oder eine Situation, in der er sich zu lange in kühler Umgebung aufgehalten hat. Nur hat eine Erkältung fast nichts mit Kälte zu tun: Für die Krankheit sind Viren verantwortlich, nicht die Temperatur. Erkältete Menschen frösteln manchmal – aber das ist Folge und nicht Ursache ihrer Infektion. Dass sich im Winter Erkältungen häufen, liegt an einem Umstand, der nur indirekt mit Kälte zu tun hat: In dieser Zeit verbringen Menschen mehr Zeit in geschlossenen, ungelüfteten Räumen, sodass sich die Viren besser verbreiten können. Die meisten Menschen wissen, dass Erkältungen von Viren und nicht durch Kälte verursacht werden. Doch die falsche Variante fühlt sich leider wahr an: Es fallen einem nasse, kalte Tage ein, Mützen, Schals, heißer Tee, Herbst, Winter und viele, viele andere Dinge, die mit ungemütlichen Temperaturen einhergehen. Diese Vorstellungen sind zu leicht verfügbar, um den Mythos rund um Erkältungen jemals aus der Welt zu bekommen.

Eine der berühmtesten Studien zur Verfügbarkeit stammt von den amerikanischen Psychologen Michael Ross und Fiore Sicoly. Die Untersuchung hat deshalb so große Resonanz gefunden, weil sie sich mit dem häuslichen Schlachtfeld beschäftigt, auf dem sich Männer und Frauen gegenüberstehen. Vor allem verdeutlicht sie die mächtige Wirkung der Verfügbarkeit auf eine Weise, die jedem einleuchten sollte. Nun, zumindest jedem, der sein Leben nicht alleine in einer dusteren Höhle verbracht hat.

Die beiden Wissenschaftler fragten Ehepartner: «Wie groß war Ihr persönlicher Beitrag beim Aufräumen Ihrer gemeinsamen Wohnung in Prozent?» Dann stellten sie diese Frage in Bezug auf andere Tätigkeiten, stets mit der Bitte, den eigenen Anteil in Prozent anzugeben. So wollten sie wissen, wie das mit dem Müllwegbringen aufgeteilt sei, wer sich um soziale Kontakte kümmere, und manches mehr, was in einer Partnerschaft wichtig und umstritten sein kann. Wenn Mann und Frau die Lage stets korrekt eingeschätzt hätten, dann hätten sich beide Angaben eigentlich auf 100 Prozent summieren müssen. Natürlich ging diese Rechnung nicht auf – und zwar auf spektakuläre Weise nicht: Die Summe beider Angaben überstieg die 100 Prozent stets kräftig.

Hinter dieser verzerrten Einschätzung steckt nicht nur bloßes Wunschdenken oder die Borniertheit von einem der Partner, der seine Faulheit nicht einsehen will. Das legt ein Detail der Studie nahe: Die Eheleute überschätzten nämlich auch ihren Anteil daran, wie oft sie Streit anzettelten – was nichts ist, womit man sich normalerweise brüstet. Der Grund liegt in der Macht der Verfügbarkeit. Ohne böse Absicht natürlich – selbst wenn man seinen Partner beim Wäscheaufhängen gesehen hat, erinnert man sich leichter daran, wann man es selbst gemacht hat. Denken Sie das nächste Mal daran, wenn Sie mit Ihrem Partner Stress wegen der Verteilung der Aufgaben im Haushalt haben. Das Gleiche gilt, wenn Sie sich über Ihre faulen Kollegen ärgern: In ihrem Arbeitsteam hegt wahrscheinlich fast jeder das Gefühl, er leiste mehr als die anderen. Der Grund ist der gleiche wie bei streitenden Eheleuten.

Diese Art von Verfügbarkeitserfahrungen spielt bei der Bildung von Meinungen und bei der Arbeit im Steinbruch der Starrköpfe eine große Rolle. Je schneller uns etwa Bilder von Umweltkatastrophen einfallen, desto höher schätzen wir das Risiko ein, dass diese auch stattfinden. Je leichter man auf mögliche Gefahren der Grünen Gentechnik kommt, desto risikoreicher bewertet man diese Technologie – und so weiter.

Je mehr positive Eigenschaften man mit einer Sache assoziiert, desto besser sollte man sie bewerten, oder? Und je weniger Gründe einem dafür in den Sinn kommen, dass etwas schlecht ist, desto geringer sollte doch die Ablehnung davon ausfallen? Dieser simplen Faustregel widersprechen Daten, die in zahlreichen Experimenten zur Verfügbarkeit gesammelt worden sind. *Overkill backfire effect* nennen Psychologen diesen Befund. Demnach können drei Gegenargumente Fehlinformationen effektiver bekämpfen als zwölf. Die größere Zahl der Argumente verstärke am Ende sogar den Mythos, statt ihn zu entkräften. Wie kann das sein?

Sobald die Leichtigkeit abnimmt, mit der einem Beispiele einfallen, und damit die Verfügbarkeit, steigt die geistige Anstrengung. Und Anstrengung setzen Starrköpfe wie alle anderen Menschen damit gleich, dass da etwas faul ist, etwas nicht stimmen kann. Das haben viele einzelne Studien gezeigt, die dennoch allesamt überraschende Einzelergebnisse lieferten. Je mehr Gründe für eine Kaufentscheidung Kunden anführen sollten, desto weniger überzeugt waren sie von ihrer Wahl. Wenn man sich hingegen nur ein paar Gründe überlegt, die für ein Produkt sprechen, dann ist die Wahrscheinlichkeit höher, dass man es tatsächlich kauft. Sollen sich Radfahrer an viele Touren erinnern, glauben sie, dass sie ihr Rad weniger häufig benutzen, als wenn sie nur wenige Beispiele erinnern sollen. Ein Unfall wäre vermeidbar gewesen? Die Meinung teilen Menschen eher nicht, wenn sie viele Gründe dafür auflisten sollen.

So lassen sich selbst Einstellungen vor emotional belastenden Ereignissen beeinflussen: Norbert Schwarz und Kollegen ließen ihre Probanden – Studenten der Psychologie vor dem ersten Examen – über Erfolg und Misserfolg reflektieren. Die Ergebnisse demonstrieren abermals die Kraft der Verfügbarkeitsheuristik. Wenn die Probanden drei Gründe für eine erfolgreiche Prüfung nennen sollten, waren sie vor dem Termin optimistischer als andere. Sollten sie drei Gründe für ihr Scheitern nennen, stellten sie sich selbst sehr schlechte Prognosen für die Prüfung. Sollten sie aber zwölf Gründe für einen Erfolg oder für ein Scheitern nennen, dann verwandelte sich das Vorzeichen der Ergebnisse.

Zwölf Punkte zu finden fiel den Teilnehmern des Tests offenbar schwer, und so gingen diejenigen besonders optimistisch in den Test, die Gründe für eine schlechte Note gesucht hatten. Wer dagegen in zwölf Punkten hatte erklären sollen, dass er einen super Test hinlegen würde, der ließ den Kopf hängen und traute sich kaum noch etwas zu. Die geistige Leichtigkeit hatte die Studenten überzeugt, nicht der Inhalt ihrer Listen.

Auch als Norbert Schwarz Probanden bat, Situationen aufzuschreiben, in denen sie durchsetzungsfähig waren, spielte die Anzahl der Beispiele eine wichtige Rolle. Wer eine Handvoll Situationen schildern sollte, bewertete sich anschließend als besonders durchsetzungsstark. Wer zwölf Beispiele angeben sollte, fand sein Vermögen, sich zu behaupten, hingegen eher kläglich. Diesen Testpersonen waren zwar im Schnitt mehr Beispiele für ihre Durchsetzungsfähigkeit eingefallen, aber es hatte sie eben mehr Mühe gekostet.

Die Mühe tritt auch auf, wenn wir mit vielen Gegenargumenten konfrontiert werden: Diese zu verarbeiten kostet Energie und geistigen Aufwand. Sie wissen mittlerweile, was das bedeutet! Einfach gestrickte Mythen seien deshalb kognitiv attraktiver als ihre Widerlegung, schreiben John Cook und Stephan Lewandowsky. Das heißt: Irrtümer bestehen meist aus einfachen Botschaften. Die Realität ist so komplex, dass sie schrecklich unglaubwürdig wirkt. Mal die Gegenseite zu bedenken könnte deshalb eine fatale Aufforderung sein: Es kostet sicherlich geistige Mühe und ist mit einer geringen Verfügbarkeit verbunden. Uns fallen generell die Gründe leichter ein, die zu unserem Weltbild passen.

Selbst Profis lassen sich davon in die Irre führen, berichteten Forscher um Kathryn Kadous. Sie hatten Finanzanalysten aufgefordert, keinen, zwei oder zwölf Gründe zu finden, warum bestimmte Firmen in der Zukunft scheitern könnten. Die schwere Aufgabe, zwölf Gründe für die Pleite eines Unternehmens zu finden, färbte den Blick der Analysten auf diese Firma rosiger. Das ist tragisch: Die Meinungen von Analysten entscheiden mit darüber, wie sich Wertanlagen entwickeln, und auch, wie sich die Zukunft von Firmen gestaltet.

Trotzdem gibt es Einschränkungen, der Effekt tritt unter manchen Bedingungen nicht auf, wie Norbert Schwarz und seine Kollegen untersucht haben. Sobald die Psychologen Pseudoerklärungen für die erlebte geistige Anstrengung anboten, orientierten sich die Probanden eher am Inhalt der Argumente als an der Leichtigkeit, mit der ihnen diese in den Sinn kamen – wenn es zum Beispiel hieß, dass die gerade laufende Hintergrundmusik oder eine ungewöhnliche Hintergrundfarbe auf dem Bildschirm ihre Konzentration bei der anstehenden Aufgabe beeinträchtigen werde.

Hatten Probanden ein starkes persönliches Interesse an dem behandelten Thema, zählte der Inhalt ebenfalls mehr als die Leichtigkeit der Verfügbarkeit. Das beobachteten die Forscher um Norbert Schwarz in einem weiteren Experiment. Dazu luden sie Testpersonen ins Labor ein, die Verwandte mit Herzleiden hatten, sowie eine Vergleichsgruppe, in deren Familien es keine derartigen Krankheiten gab. Beide Gruppen wurden in Untergruppen aufgeteilt, die je drei oder acht Gewohnheiten nennen sollten, die sich entweder positiv oder negativ auf das Herz-Kreislauf-System auswirkten. Die Heuristik der Verfügbarkeit zählte für die Teilnehmer, in deren Familien es keine Herzinfarkte gegeben hatte: Fiel es ihnen schwer, acht risikobehaftete Verhaltensweisen aufzulisten, stuften sie ihr eigenes Risiko für eine solche Erkrankung als gering ein. Sollten sie viele Möglichkeiten nennen, wie sie sich vor einem Infarkt schützen konnten, und fiel ihnen dies schwer, hielten sie sich für stärker gefährdet. Die Gruppe der Probanden mit familiärer Vorbelastung zeigte ein anderes Bild: Sie verließen sich für das Urteil über ihr persönliches Risiko auf den Inhalt ihrer Überlegungen. Sie empfanden größere Sicherheit, wenn ihnen viele Verhaltensweisen mit potenziell schützender Wirkung einfielen – selbst dann, wenn ihnen das große kognitive Anstrengungen bereitete.

Daniel Kahneman sieht darin ein Indiz dafür, dass sich die Probanden aus den Familien mit Krankheitsgeschichte bei diesem Thema ohnehin stärker auf ihr bewusstes Denken verlassen – System 2, wie er das nennt. Für die Falle der Verfügbarkeit ist hingegen anfällig, wer sich in einer Situation stärker von seinem intuitiven Denken (System 1) leiten lässt. Kahneman listet eine Reihe von Umständen auf, in denen dies mit hoher Wahrscheinlichkeit der Fall ist: wenn wir gleichzeitig mit einer anderen stark beanspruchenden Aufgabe beschäftigt sind, gute Laune haben, generell unserer Intuition stark trauen oder wenn wir Macht haben. In all diesen Fällen wird die Verfügbarkeit für uns mehr zählen als der Inhalt einer Auseinandersetzung.

FAZIT:

Viele Argumente zu bedenken strengt an. Sich selbst viele Punkte für eine Diskussion zu überlegen, auch. Weil Menschen aber die geistige Leichtigkeit, mit der uns etwas von der Hand geht, als Wahrheitsindiz werten, ist weniger oft mehr.

Die Wahrheitlichkeit
der Bilder

Menschen neigen sehr dazu, Fotos zu trauen. Und das, obwohl mittlerweile bei fast jedem angekommen ist, dass selbst Supermodels nicht den perfekten Körper besitzen, den sie auf einem Magazin-Cover zur Schau stellen. Die Haut wird mit Photoshop und anderen Programmen gestrafft, der Teint verschönert, Brüste und Hüften bis zur Perfektion bearbeitet. Am Ende ist ein Mensch entstanden, den es in freier Wildbahn nicht geben kann. Wir wissen das, und wir wissen, dass sämtliche Fotos leicht und schnell manipulierbar sind. Seit dem Siegeszug der digitalen Fotografie bearbeiten wir sogar oft unsere eigenen Bilder – das sollte uns mit einem gewissen Grundmisstrauen ausstatten.

Trotzdem verleiten uns Bilder dazu, ihrem Inhalt automatisch erst einmal zu vertrauen. Denn sie sind noch immer das kräftigste Indiz dafür, dass etwas tatsächlich passiert ist. Wenn eine Ölbohrplattform im Golf von Mexiko brennt, dann bewerten wir ein Bild davon als Beweis dafür, dass die Katastrophe tatsächlich stattgefunden hat. Das Bild eines ausgemergelten Babys beweist uns, dass die Menschen in einem uns fremden Land tatsächlich unter einer Hungerkatastrophe leiden. Ein Foto zeigt einen Affen, dessen Kopf in ein schreckliches Instrument eingespannt ist, seine Augen treten hervor, er leidet offensichtlich Höllenqualen. Für uns ist klar, es geht um Tierversuche, und wir werten das Bild als Beweis dafür, dass diese Versuche in den Labors der Welt tatsächlich häufig stattfinden und dass sie allesamt nichts als grausame Verbrechen sind. Ob solche Versuche aber wirklich noch durchgeführt werden oder ob das Foto eine extreme und seltene Ausnahme dokumentiert, darüber denken wir nicht nach. Die emotionale Wucht des Bildes und die generelle Neigung, Fotos zu glauben, entfalten ihre Macht.

Auch ganze harmlose Aufnahmen besitzen enorme Überzeugungskraft, selbst wenn wir gar nicht wirklich wissen und verstehen, wer oder was darauf zu sehen ist. Das haben Psychologen um Eryn Newman und Maryanne Garry von der Victoria University of Wellington, Neuseeland, demonstriert. Die Psychologen zeigten ihren Probanden Aussagen über Prominente. Diese mussten sie so rasch wie möglich bewerten – waren die Aussagen wahr oder falsch? Bei manchen Behauptungen blendeten die Psychologen auch Fotos der Promis ein. Nicht immer kannten die Testpersonen die Berühmtheiten, um die es ging. Aber das spielte gar keine große Rolle. Denn wenn die Psychologen die Aussagen im Zusammenhang mit einem Foto präsentierten, fühlten sie sich anscheinend einfach besser an. Dann stieg nämlich die Wahrscheinlichkeit, dass die Probanden ihnen zustimmten. Den gleichen Effekt beobachteten die Wissenschaftler in weiteren Experimenten auch bei allgemeinen Wissensfragen: Ein Foto erhöhte die Glaubwürdigkeit einer Aussage.

Was steckt hinter diesem Effekt? Fotos erhöhen die Leichtigkeit, mit der wir Informationen verarbeiten. Sie erzeugen eine Illusion von Vertrautheit. Das erhöht – wie auch andere positive Gefühle – die kognitive Leichtigkeit, mit der wir im Geiste nach Erinnerungen oder Anhaltspunkten suchen. Müssen wir zum Beispiel eine Frage zu einem Menschen beantworten («Lebt dieser Mann noch?»), lassen sich aus einem Foto schließlich meist zahlreiche Informationen gewinnen. Geben Frisur und Kleidungsstil einen Hinweis auf die Zeit, in der das Foto entstanden ist? Was ist darauf noch zu sehen? In welcher Umgebung ist die Person fotografiert worden? Und vieles mehr. Schon ist der Mensch in einen Kontext eingebettet, und die Aussage «Frau XYZ ist noch am Leben» fühlt sich irgendwie besser an als ohne Foto – selbst wenn man noch nie von dieser Frau gehört hat und auch wenige aufschlussreiche Details auf dem Bild zu sehen sind. Mit Bild fällt es einfach leichter, sich eine lebende Person vorzustellen oder zum Beispiel zu glauben, dass grausame Experimente mit Affen die Regel statt die Ausnahme bei Tierversuchen sind.

Für Freunde der Power-Point-Präsentation sind das gute Nachrichten. Zeigen Sie bei Ihrem nächsten Vortrag Folien, auf denen viele Bilder zu sehen sind. Oder beherzigen Sie die Ergebnisse, zu denen andere Psychologen bei ihren Studien gelangt sind: So berichteten Wissenschaftler um Laurence Smith von der Universität Maine, dass simple Balken-, Torten- oder andere Graphiken die Glaubwürdigkeit von Aussagen erhöhten. Das wahrscheinlich bekannteste Beispiel für Effekte dieser Art stammt jedoch von David McCabe von der Colorado State University und Alan Castel von der University of California in Los Angeles. Die beiden Psychologen nahmen sich ein Forschungsfeld vor, das in den vergangenen Jahren außergewöhnlich viel Aufmerksamkeit bekommen hat: die Hirnforschung.

McCabe und Castel legten ihren Probanden drei Pseudostudien vor, die entweder aus reinem Text, aus Text mit einer Balkengraphik oder Text mit Fotos von Hirnscans bestanden. Die Studien selbst enthielten Fehler, und schon die Grundaussagen hätten die Probanden misstrauisch machen sollen. So wurde in einer von ihnen behauptet, dass Fernsehkonsum zugleich die mathematischen Fähigkeiten verbessere, da die kognitive Verarbeitung der TV-Bilder den Temporallappen des Gehirns stimuliere. Dabei handele es sich um ein großes Areal des Gehirns im Bereich der Schläfe, der mit zahlreichen Funktionen assoziiert sei – unter anderem dem Hören, dem Sprachverständnis und verschiedenen Gedächtnisfunktionen. Enthielt der Text mit dieser sinnlosen Aussage zwei Bilder, auf denen vermeintliche Aktivität in dem fraglichen Areal dargestellt war, bewerteten die Probanden die Aussage als signifikant glaubwürdiger, als wenn der Text keine Visualisierungen enthielt.

Bilder von Hirnscans dürften allerdings eine Sonderrolle spielen, da die Neurowissenschaften in der Öffentlichkeit so viel Beachtung finden. In den populären Medien zeigen grau verpixelte Darstellungen, auf denen ein paar rote Flecken zu sehen sind, angeblich das Zentrum des Glaubens, der Liebe, des Lügens, des Begehrens oder eines anderen großen Gefühls. Das ist ebenso reduktionistischer Unsinn wie die nicht weniger allgegenwärtigen Gen-für-dieses-und-jenes-entdeckt-Geschichten, findet aber ein Publikum. Diese Hirnscan-Bilder scheinen überhaupt erst das große Interesse an den Studien zu wecken und verleihen diesen zugleich die Aura der Glaubwürdigkeit.

Der Unterschied zwischen Balkengraphiken und Bildern aus dem Hirnscanner: Sie suggerieren den unmittelbaren Zugang zu etwas Konkretem, dass da direkt ein geistiger Prozess eingefangen und abgebildet worden sei. Als wäre es möglich, dem Neuronennetz im Kopf bei der Arbeit zuzusehen und Gedanken zu entschlüsseln. Hirnscan-Bilder liefern eine leicht konsumierbare Pseudoerklärung, die als Bestätigung reicht – auch dann, wenn sie komplett frei von sinnvollen Aussagen sind. Fotos erscheinen eben als glaubwürdig: Sie erzeugen eine Illusion der Wahrheit. Achten Sie dennoch darauf, dass die Bilder erstens zum Inhalt ihrer Aussagen passen und zweitens tatsächlich korrekte Informationen wiedergeben – kann ja nicht schaden.

FAZIT:

An sich aussagelose Zusatzinformationen wie Fotos erhöhen die *truthiness*. Setzen Sie also auf Bilder und Graphiken, wenn Sie die Möglichkeit dazu haben.

Schriftbild

In der Wissensredaktion der *Süddeutschen Zeitung* erreichen uns zahlreiche Zuschriften, in denen Leser ihre – nun ja – oft hochgradig eigenwilligen Ideen ausbreiten. Viele dieser Texte sind bizarr, viele sind lustig, und viele enthalten tragische Geschichten. Ein Leser aus dem Hessischen behauptete in seinem Brief zum Beispiel, dass der Verzehr von Kuhmilch unweigerlich in die Homosexualität führe. Eine Leserzuschrift aus Belgrad warnte mich persönlich in hölzerner Sprache vor der Macht und dem Einfluss der Hexen, die nämlich die Männer der Welt beherrschten und kontrollierten. Und seit es Google Earth gibt, finden Leser dort immer wieder Atlantis und berichten uns davon.

Ein beliebtes Genre der Leserzuschriften sind Widerlegungen von Albert Einsteins Allgemeiner Relativitätstheorie. Vor allem ältere Herren entwickeln einen Ehrgeiz, der sie dazu treibt, in regelmäßigen Abständen Unterlagen einzusenden, in denen sie den als Universalgenie verehrten Physiker ad absurdum geführt haben wollen. Es ist noch keinem gelungen, aber es scheint ein großes Ziel zu bleiben. Genauso, wie zahlreiche Zuschriften davon künden, dass es nun endlich gelungen sei, ein Perpetuum mobile zu konstruieren – eine Maschine, die aus sich heraus unendlich viel Energie erzeugt, ohne dass Energie von außen zugeführt werden muss. Dieser Traum beschäftigt die Menschen mindestens seit der Antike. Und wie die meisten guten Träume bleibt er unerfüllbar – ein Perpetuum mobile kann es nicht geben. Außerdem gibt es Leser, die Maschinen konstruiert haben, mit denen sie Krebs heilen wollen.

Zu den tragischen Geschichten zählen die von Menschen, die vermutlich hilfebedürftig sind. Sie berichten von Attacken auf sich und ihre Gesundheit. Sie erzählen, dass ihr Hund von bösen Wissenschaftlern geklont worden sei und man ihnen einen Überwachungschip in das Rückenmark eingepflanzt habe; dass man sie verfolge und mit Strahlenkanonen traktiere, die die Angreifer mit Alufolie und handelsüblichen Mikrowellenherden konstruiert hätten. Immer wieder schreibt uns ein Herr, der sich Christos nennt und sich für den Heiland auf Erden hält. Er erzählt stolz davon, dass ihm ein Bischof der katholischen Kirche Hausverbot im Dom seiner Heimatstadt erteilt habe, da er dort mehrmals seine Version der christlichen Wahrheit von der Kanzel gepredigt habe. Und er berichtet traurig davon, dass all dies das Verhältnis zu seiner Familie und vor allem seinen Kindern sehr stark beeinträchtige.

Eines haben die meisten all dieser Schriftstücke gemein: Sie fallen uns auf, bevor wir sie gelesen haben. Denn die überwiegende Mehrzahl der Verfasser tobt sich auch typographisch aus – ihre Briefe verfügen fast alle über ein verräterisches Schriftbild. Die Botschaft von der sexuellen Verwirrungskraft der Milch hat der Absender in mindestens fünf verschiedenen Schriftarten verkündet. Auf einer DIN-A4-Seite ergibt das ein sehr unruhiges Schriftbild. Noch dazu ist der Zeilenabstand sehr gering, und die vielen verschiedenen Schriften sind durch weitere typographische Elemente ergänzt: Wörter oder ganze Sätze sind in Großbuchstaben geschrieben, Begriffe kursiv gesetzt oder unterstrichen, und die Schriftgröße variiert ebenfalls mehrmals innerhalb des Textes. Andere Zuschriften sind in Frakturschrift gehalten, noch mit einer mechanischen Schreibmaschine oder in einer unleserlichen, altmodischen Handschrift verfasst oder bestehen aus zusammenkopierten Zeitungsausschnitten, die mit handschriftlichen Kommentaren versehen wurden.

Die optische Anmutung dieser Zuschriften macht sofort misstrauisch und weckt bei uns die Erwartung, dass der fragliche Text voller wahnwitziger Phantastereien steckt. Meistens liegen wir damit richtig. Die Geschichte von der gefährlichen Milch und die Erzählungen von Christos, der Hausverbot in der Kirche hat, wirken schon durch ihr Schriftbild unglaubwürdig. Es strengt an, diese Texte zu entziffern. Und alles, was unseren Geist anstrengt, wird besonders kritisch geprüft. Wer einen Starrkopf überzeugen will, möchte aber nicht dessen Misstrauen wecken.

Kognitive Beanspruchung schaltet das analytische Denken ein, und dieses bewusste Denken hemmt unsere Neigung, zu glauben. Wer zum Beispiel Texte in einer für ihn fremden Sprache liest, bewertet deren Inhalt meist kritischer als ein Muttersprachler. Er muss sich einfach etwas mehr anstrengen, um den Inhalt zu verstehen – selbst wenn er die Sprache flüssig beherrscht. Wer sich konzentriert damit beschäftigt, die Lösung für ein Problem zu finden, erweckt in sich sogar Neigungen zu Zweifel und Skeptizismus – und Menschen mit schwachen religiösen Überzeugungen werden nochmals kritischer.

Das berichteten zum Beispiel die Psychologen Will Gervais und Ara Norenzayan von der Universität von British Columbia in Vancouver, Kanada. Die beiden ließen ihre Probanden verschiedene Aufgaben lösen; sie mussten etwa Fragebögen ausfüllen, bei denen die Schrift nur schwer lesbar war. Außerdem setzten die Forscher eine Technik namens *priming* ein. Dabei werden Menschen Reize präsentiert, die implizite Gedächtnisinhalte aktivieren. In diesem Fall sahen die Testteilnehmer zum Beispiel Bilder der Skulptur «Der Denker» des französischen Bildhauers Auguste Rodin. Anschließend erfassten Gervais und Norenzayan in Befragungen den Grad des Glaubens oder Zweifels bei den verschiedenen Probanden. Wer zuvor eine kognitiv anspruchsvolle Aufgabe bearbeitet hatte oder mit Reizen, die mit analytischem

Denken assoziiert waren, geprimt worden war, neigte anschließend eher zu Skeptizismus. Das galt unabhängig davon, ob sich ein Proband grundsätzlich als religiös beschrieb oder nicht. Wer zuvor schon ein Zweifler gewesen war, zweifelte nun noch mehr. Die Studie lege nahe, dass die Aktivierung des analytischen kognitiven Systems im Gehirn die intuitive Unterstützung für religiösen Glauben zumindest vorübergehend hemme, schließen die Psychologen.

Der gleiche Zusammenhang gilt nun für die Vermittlung von Informationen. Wer einen glaubwürdigen Text schreiben möchte, der mutmaßlich auch Starrköpfe überzeugt, sollte die folgenden Tipps beachten, um die kognitive Beanspruchung so gering wie möglich zu halten. Unternehmen Sie alles, um Ihren Text formal so lesbar zu machen, wie es geht. Der Psychologe Daniel Kahneman fasst es folgendermaßen zusammen: «Wenn Ihre Mitteilung gedruckt wird, verwenden Sie hochwertiges Papier, um den Kontrast zwischen den Buchstaben und dem Hintergrund zu verstärken. Falls Sie Farbe verwenden, wird man Ihnen eher glauben, wenn Ihr Text leuchtend blau oder rot gedruckt ist als in mittleren Grün- oder Gelbtönen oder in Blassblau.»

Klingt komisch? Ist aber so. Der Psychologe Norbert Schwarz legte seinen Probanden in einer Studie zum Beispiel den Satz vor: «Osorno ist eine Stadt in Chile.» Osorno ist hinreichend unbekannt und Chile als Reiseziel exotisch genug, sodass die Mehrheit sicher nicht wusste, ob diese Aussage zutrifft oder nicht. Die Teilnehmer des Tests sollten nun angeben, ob sie die Aussage für wahr oder falsch hielten. Schwarz und seine Kollegen stellten dabei fest, dass die Farbe der Schrift wie erwartet die Glaubwürdigkeit der Aussage beeinflusste. In dunkelblauen Buchstaben überzeugte der Satz stärker als in hellblauen. Der geringere Kontrast der hellen Schrift beeinträchtigte die Lesbarkeit und erhöhte die kognitive Beanspruchung, die der Hort des Misstrauens ist.

Betrachten Sie kurz folgendes Beispiel, das aus Daniel Kahnemans Buch «Schnelles Denken, langsames Denken» stammt, und überlegen Sie, welche der beiden Aussagen stimmt, bevor Sie weiterlesen.

Adolf Hitler wurde 1892 geboren.

Adolf Hitler wurde 1887 geboren.

In Versuchen gaben die meisten Teilnehmer an, dass die gefettete Aussage eher richtig sei. Wir wissen mittlerweile, dass dies an der besseren Lesbarkeit des Fettdrucks liegt, die durch den stärkeren Kontrast zustande kommt – und dies erzeugt dank der damit einhergehenden kognitiven Leichtigkeit eine Illusion von Wahrheit. Übrigens sind beide Aussagen falsch, Adolf Hitler wurde 1889 geboren, aber das haben Sie sicher gewusst.

Schwer lesbare Schriftarten werfen sogar ein schlechtes Licht auf den Autor – er wird für weniger intelligent gehalten als der Autor eines gut lesbaren Textes. Das hat der Psychologe Daniel Oppenheimer von der Universität Princeton in einem Experiment beobachtet. Ein weiteres eindrucksvolles Beispiel für die Wirkung optischer Lesbarkeit eines Textes beschreibt abermals Daniel Kahneman. Für ein Experiment sollten Princeton-Studenten zwei Aufgaben aus dem von Shane Frederick entwickelten Cognitive Reflection Test lösen. Dieser versucht, sofortige intuitive Antworten zu provozieren, die aber falsch sind. Die richtigen Antworten lassen sich hingegen nur mit geistiger Anstrengung ermitteln – und man sollte meinen, dass die Studenten einer amerikanischen Eliteuniversität dabei sehr gut abschneiden. Denn wer dort studiert, dürfte zu den intelligenteren Menschen dieser Erde zählen.

Den Eliteprobanden wurden also diese beiden Aufgaben aus dem Cognitive Reflection Test vorgelegt:

- Wenn 5 Maschinen 5 Minuten brauchen, um 5 Geräte herzustellen, wie lange brauchen dann 100 Maschinen, um 100 Geräte herzustellen? 100 Minuten oder 5 Minuten?

- In einem See breitet sich ein kleines Feld von Seerosen aus. Jeden Tag verdoppelt sich die Größe des Feldes. Wenn es 48 Tage dauert, bis die Seerosen den ganzen See bedecken, wie lange dauert es dann, bis sie die Hälfte des Sees bedecken? 24 Tage oder 47 Tage?

Einer Hälfte der befragten Studenten wurde die Aufgabe in schwer leserlicher Form vorgelegt. Die Schriftgröße war klein, der Kontrast gering und die Druckqualität miserabel. Kurz, es kostete Mühe, die Zeilen zu entziffern. Der anderen Hälfte der Probanden wurden die Aufgaben in gut lesbarer Form vorgelegt.

Wer ging den trügerischen Fragen eher auf den Leim und gab die Antworten, die sich intuitiv aufdrängten? 90 Prozent der Studenten aus der Gruppe, die das gute Schriftbild vorgelegt bekommen hatte, begingen mindestens einen Fehler. In der Gruppe mit der miesen Druckqualität begingen nur 35 Prozent einen Fehler. Die schlechte Schrift erhöhte die Leistungen der Probanden, weil sie durch die starke kognitive Beanspruchung das analytische Denken mobilisierte, argumentiert Daniel Kahneman. Die andere Gruppe ging hingegen dem angenehmen Gefühl der kognitiven Leichtigkeit auf den Leim, das sich durch die gute Lesbarkeit einstellte und so die Neigung erhöhte, die erstbeste Lösung zu wählen. Und das galt sogar für den erlauchten Kreis der Studenten einer Eliteuniversität. Ach ja, die richtigen Antworten auf die beiden Fragen lauten übrigens: 5 Minuten und 47 Tage.

Leser schauen also in jeglicher Hinsicht ganz genau hin, wenn sie einen Text nur schwer entziffern können. Ist das Schriftbild mies, versetzt einen das in eine Art Zustand grundsätzlichen

Misstrauens. Im Sinne der Wahrheit mag das eine gute Sache sein. Doch wenn Sie eine Botschaft haben, die ankommen soll, bürden Sie Ihren Lesern bloß keine Anstrengung auf, denn flüssige Lesbarkeit erhöht die Illusion der Glaubwürdigkeit. In einem Versuch legten Psychologen Fragen zum Allgemeinwissen sowie die dazu passenden Antworten vor. Die Teilnehmer sollten dann sagen, ob sie es gewusst hätten. Wir neigen alle dazu, diese Frage zu bejahen – ohne böse Absicht. Das ist ein Beispiel für den sogenannten Rückschaufehler. Dabei handelt es sich um das Gefühl, man habe irgendetwas bereits gewusst, bevor es eingetreten ist. Deutschland verliert im Habfinale der Fußball-Europameisterschaft schon wieder gegen Italien? Habe ich doch gleich gesagt, gegen die Azzurri wird das nie was. Dieses Gefühl stellt sich meistens erst ein, wenn das Ergebnis bekannt ist – und eigentlich haben wir es sehr oft auch gar nicht vorher gewusst.

In diesem Fall legten die Psychologen also Fragen und Antworten wie die folgenden vor: Wie hoch ist der Eiffelturm? 300 Meter. Wieder waren die Antworten in unterschiedlichen Farben gedruckt und deshalb nicht alle gleich gut lesbar. Hohe Lesbarkeit und das durch die kognitive Leichtigkeit erzeugte Gefühl der Vertrautheit verstärkte die Neigung zum Ich-hätte-es-Gewusst und verstärkte außerdem das Vertrauen in das eigene Wissen.

Unterschätzen Sie also keinesfalls die Wirkung des Schriftbildes. Klar und lesbar sollte es sein, und widerstehen Sie den wilden Gestaltungsmöglichkeiten, die Textverarbeitungsprogramme bieten: Mehr als eine Schriftart hat im Fließtext nichts zu suchen. Und trotz des schönen Beispiels mit Hitlers Geburtsjahr: Nicht alles, was gefettet ist, fühlt sich wahr an. Ziehen sich Fettungen, Kursivierungen und verschiedene Schriftgrößen durch einen Text, vermindert auch das die Lesbarkeit. Fettungen setzen wir deshalb nur spärlich ein: in Überschriften und bei ein, zwei ganz wichtigen Punkten. Die Dosis schafft das Wahrheitsgefühl.

FAZIT:

Sollten Sie schriftliche Überzeugungsarbeit leisten, achten Sie auf gute Lesbarkeit. Gute Kontraste, ein klares Schriftbild, das durch möglichst wenige Elemente unterbrochen wird, sowie eine einheitliche Schriftart. Nutzen Sie die Illusion von Wahrheit, die durch diese einfachen Dinge gestützt wird.

Sprache

Semantische Nähe –
Erfüllen Sie Erwartungen

Wie viele Tiere von jeder Art hat Moses mit auf seine Arche genommen?» Die meisten Menschen, denen diese Frage gestellt wird, antworten mit: «zwei». Natürlich ist die Frage unsinnig, denn es war Noah, der laut der biblischen Geschichte den Auftrag erhalten hat, ein Schiff zu zimmern und darauf von jeder Tierart ein Paar vor der großen Sintflut in Sicherheit zu bringen. Moses war hingegen der Mann mit dem Weidenkörbchen auf dem Nil, dem zweigeteilten Roten Meer und so weiter. Weil aber die meisten Menschen diesen Fehler in der Frage nicht sofort erkennen, ist sie unter der Bezeichnung «Moses-Illusion» in der akademischen Welt bekannt.

Warum fallen so viele Menschen auf die Frage herein, obwohl fast allen der Begriff «Arche Noah» bekannt ist? Die semantische Überschneidung zwischen Moses und Noah ist groß, deshalb funktioniert die Illusion. Beide sind biblische Figuren, in deren Geschichte Wasser eine Rolle spielt (Sintflut, Rotes Meer). Stellen Sie sich vor, die Frage wäre folgendermaßen formuliert: «Wie viele Tiere von jeder Art hat Franz Beckenbauer mit auf seine Arche genommen?» Franz Beckenbauer erfährt von der Öffentlichkeit zwar fast die Verehrung einer biblischen Figur, trotzdem wäre der Fehler sofort aufgefallen. Beckenbauer und Noah haben schlicht keine semantische Schnittmenge. Das zerstört das Gefühl der Vertrautheit, das die Wirkung der Moses-Illusion ausmacht.

Welche Bedeutung die Illusion von Vertrautheit hat, konnte auch der Psychologe Bruce Whittlesea demonstrieren. Bei seinem Experiment mussten die Probanden Wörter aus einer Liste lernen und sollten diese später in Sätzen wiedererkennen. Tauchten die Wörter in Sätzen auf, in denen sie sinnvoll eingebettet waren («Die stürmische See ließ das Boot schaukeln»), glaubten die Testteilnehmer eher, sie hätten etwa das Wort Boot zuvor in ihrer Lernliste gehabt – auch wenn das gar nicht stimmte. In einem neutralen Kontext («Er sparte sein Geld und kaufte ein Boot») fielen die Probanden dieser Illusion nicht zum Opfer.

Taucht ein Begriff in einer semantisch stimmigen Umgebung auf – wie etwa Boot und stürmische See –, erleichtert dies die kognitive Verarbeitung des Satzes, so die Erklärung der Psychologen. Wir rechnen damit, dass gleich das Wort Boot oder Schiff fallen wird, wenn jemand beginnt, von der stürmischen See zu erzählen. Das gefällt unserem trägen Geist, er muss sich nicht weiter anstrengen. Und alles, was unseren Geist entlastet, fühlt sich vertraut und damit ein bisschen wahr an.

Das ist nichts anderes als ein Plädoyer für das Klischee oder das Stereotyp. Sie sollten nun keinesfalls ausschließlich abgedroschene Inhalte wiederkauen. Es geht darum, sich besonders bei kurzen und prägnanten Aussagen zu fragen, ob die verwendeten Begriffe zu den aktivierten Stereotypen passen – so wie die Begriffe Boot und See zueinandergehören. Wer diese semantische Nähe verweigert, weckt das Misstrauen seines Publikums. Mit den Erwartungen des Publikums zu brechen ist hingegen etwas für Komiker, nicht für Menschen, die Starrköpfe überzeugen wollen. Piet Klocke und Johann König setzen zum Beispiel auf dieses Stilmittel: Sie beginnen einen Satz und beenden ihn (wenn sie ihn denn beenden) mit einer Wendung, die gar nicht zu den Erwartungen passt. Das rüttelt auf, bringt zum Lachen – aber überzeugt es?

Hilft der Kontext hingegen, den weiteren Fortgang eines Satzes oder eines Textes zu antizipieren, fördert dies das Gefühl von Vertrautheit und den Eindruck, man habe das erst kürzlich irgendwo gelesen, gehört, gesehen. Genau dieses Gefühl soll im Starrkopf geweckt werden.

- Kindermund tut (...) kund.
- Morgenstund hat Gold im (...).
- Was du heute kannst (...), das verschiebe nicht auf (...).

Wetten, dass Sie alle diese Sätze im Halbschlaf vervollständigen können? In Reimen und Sprichwörtern wird die Erwartung im Leser praktisch auf die Spitze getrieben. Auch das bietet wertvolles Hintergrundwissen für die Auseinandersetzung mit Starrköpfen. In seinem Buch «Die fröhliche Wissenschaft» erwies sich Friedrich Nietzsche als Freund des Reimes. In dem 1882 erstmals erschienenen und 1887 überarbeiteten Buch fasste der deutsche Philosoph seine Gedanken in mehr als 400 Aphorismen, viele von ihnen gereimt. Ein Abschnitt beschäftigt sich mit dem Ursprung der Poesie. Die Menschen hätten dereinst begonnen zu reimen, behauptete Nietzsche, weil sie glaubten, auf diese Weise die Wirkungsmacht ihrer Gebete zu vergrößern. Bitten in Versform gelangten näher an die Ohren der Götter, sei der primitive Aberglaube gewesen, der die ersten Dichter getrieben habe. Und noch heute, so Nietzsche, ließen sich selbst die weisesten Menschen gelegentlich von einer Aussage blenden, nur weil ihr Versmaß gelungen sei. Der Rhythmus der Reime entfalte tatsächlich Überzeugungskraft – wenn schon nicht bei den Göttern, so doch unter den Menschen.

Mehr als 100 Jahre nach Erscheinen des Buches veröffentlichten die Psychologen Matthew McGlone und Jessica Tofighbakhsh eine Studie, deren Ergebnisse die Gedanken Nietzsches empirisch unterfütterten. Reime erhöhten tatsächlich die Glaubwürdigkeit von Aussagen. Die beiden Psychologen legten der ersten Gruppe von Probanden gereimte Aphorismen vor, der zweiten solche, die das Gleiche aussagten, aber ohne Reim formuliert waren. Beide Male ging es darum, wie exakt die Aphorismen menschliches Verhalten beschrieben. Folgende Aussagen musste die erste Gruppe bewerten:

- Woes unite foes.
  Die Not schweißt Feinde zusammen.
- What sobriety conceals, alcohol reveals.
  Was die Nüchternheit verbirgt, offenbart der Alkohol.
- Life is mostly strife.
  Das Leben ist hart.
- Caution and measure will win you treasure.
  Reichtum erwirbt man mit Vorsicht und Bedacht.
- Variety prevents satiety.
  Vielfalt verhindert Überdruss.

Die zweite Gruppe hatte es mit diesen Aussagen zu tun:

- Woes unite enemies.
- What sobriety conceals, alcohol unmasks.
- Life is mostly struggle.
- Caution and measure will win you riches.
- Variation prevents satiety.

Wie erwartet, galten die gereimten Sprüche als glaubwürdiger beziehungsweise sinnreicher – obwohl sie die gleiche Bedeutung hatten.

Nun ist es nicht so, dass gereimte Sätze den inneren Dichter ansprechen und uns automatisch in einen Zustand unkritischer

Verzückung versetzen. Doch die Reime erhöhen die kognitive Leichtigkeit bei der Verarbeitung der Inhalte – und wie wir bereits wissen, führt dies mitunter zu einer Illusion der Wahrheit. Gereimte Texte könnten ähnlich funktionieren wie die Moses-Illusion: Die ersten Worte wecken bereits eine Erwartung, wie die Aussage weitergehen wird. Wer schon einmal Lieder mitgesungen hat, die er eigentlich gar nicht kennt, dürfte das erlebt haben: Die Reime drängen sich fast auf.

Einen vergleichbaren Effekt erzielten die Psychologen in Versuchen, bei denen sie ihren Probanden Aphorismen vorlegten, die sich von Haus aus nicht reimten. Zum Vergleich ließen sie Sätze begutachten, die den exakt gleichen Inhalt hatten, aber leicht abgeändert formuliert waren. Zum Beispiel:

- Fools live poor to die rich.
  Narren leben arm, um reich zu sterben.

Und mit einer kleinen Änderung:

- Fools live poor to die wealthy.

Abermals bewerteten die Probanden die gängigen Sprüche als sinnreicher als die ungewohnten Varianten derselben Aussagen. Die Vertrautheit mit den Aphorismen erleichterte die Flüssigkeit des Abrufs. Als die Psychologen ihre Probanden im Laufe der Studie aber direkt danach fragten, ob sie gereimte Aphorismen generell für sinnreicher und glaubwürdiger hielten, ernteten sie Unverständnis. Natürlich nicht! Warum auch? Es handelt sich um einen kleinen, feinen Effekt, dessen wir uns nicht bewusst sind.

Fangen Sie jetzt um Gottes willen nicht an, Ihre nächste Pressemitteilung zu reimen oder Ihrem Partner in Versform zu erklären, warum er die Küche selber aufräumen soll. Das wäre im Zweifelsfall ziemlich lächerlich – aber seien Sie sich dieses Effekts bewusst. Geben Sie Aussagen zum Beispiel Slogancharakter. Hier können Sie von den Freunden der Homöopathie lernen: Der vielzitierte Spruch «Wer heilt, hat recht» ist ein gutes Beispiel für einen Spruch, der gut läuft und sich sicher prima anfühlt. Nehmen Sie sich das zum Vorbild. Das ist schwer, aber noch schwerer ist, mit holperigen, sperrigen Sätzen gegen solche Sprüche anzukommen. Also, wie wäre es mit: «Nur Wissenschaft wirkt.»

FAZIT:

Sorgen Sie dafür, dass die Erwartungen Ihrer Leser und Diskussionspartner erfüllt werden – und zwar schon im Kleinen, also zum Beispiel bei der Auswahl von Begriffen sowie im Satzbau. Das klingt vertraut, und Vertrautheit fühlt sich wahr an.

Verständlichkeit

Der Titel des Aufsatzes klang irrsinnig schlau: «Die Grenzen überschreiten: Auf dem Weg zu einer transformativen Hermeneutik der Quantengravitation» (Im englischen Original: «Transgressing the Boundaries: Towards a Transformative Hermeneutics of Quantum Gravity»). Das verspricht ein Feuerwerk der Ideen und der Erkenntnis. Ob der Aufsatz des Physikers Alan Sokal die Herausgeber der sozialwissenschaftlichen Fachzeitschrift Social Text zu Begeisterungsstürmen hinriss, ist nicht überliefert. Verbrieft ist hingegen, dass sie den Essay mit dem komplizierten, effektheischenden Titel 1996 veröffentlichten, und zwar in einer Ausgabe, die ganz der Auseinandersetzung zwischen wissenschaftlichem Realismus und der philosophischen Postmoderne gewidmet war.

Für *Social Text* wurde die Publikation zu einer Katastrophe, denn wie Alan Sokal kurz darauf bekannte, handelte es sich bei seinem Aufsatz um eine Parodie. Der Physiker hatte sinnfreie Aussagen im typischen komplexen Jargon postmoderner Denker zu einem scheinbar zusammenhängenden Text montiert, der vorgab, die Quantengravitation als linguistische und soziale Konstruktion zu entlarven. Tatsächlich handelte es sich um bloßen Quatsch mit Fremdwörtern. Zusätzlich hatte Sokal in den Text zahlreiche logische und inhaltliche Fehler eingestreut. Den Herausgebern von *Social Text* fiel das alles offenbar nicht auf, sie winkten das Quanten-Hermeneutik-Geschwurbel durch.

Das Geschrei war groß, nachdem sich Alan Sokal zu seiner Tat bekannt hatte, mit der er ein Magazin und eine ganze Denkschule brüskierte. Die *New York Times* berichtete über diesen Hoax sogar auf ihrer Titelseite; viele andere große Zeitungen schrieben ebenfalls darüber, darunter der britische *Observer* und die französische *Le Monde*. Die eine Seite fühlte sich getäuscht, die andere argumentierte, die Geschichte beweise, wie gering die wissenschaftlichen Standards bei den Denkern der Postmoderne seien und wie leicht diese unterlaufen werden könnten. Sokal verarbeitete seinen Coup kurz darauf zu einem Buch, das in der deutschen Übersetzung den schönen Titel «Eleganter Unsinn: Wie die Denker der Postmoderne die Wissenschaften missbrauchen» trägt. Der Vorgang wurde seither in verschiedenen Formen wiederholt. Ein gewisser Marcie Rathke von der fiktiven University of Southern North Dakota legte ein Mathematik-Fachjournal mit einer satirischen Publikation herein. Im Jahr 2005 programmierten drei Studenten des Massachusetts Institute of Technology (MIT) eine Software, die automatisch schlau klingende Nonsense-Texte generiert. Ein Produkt ihres

Programms reichten sie bei einer Fachtagung ein – und wurden als Referenten eingeladen.

Die realen Täuschungsmanöver bestätigen ein Phänomen, das zuvor schon bei einem berühmten Experiment aufgefallen war. Dessen Ergebnis ist als Dr.-Fox-Effekt bekannt geworden. Die Psychologen Donald Naftulin, John Ware und Frank Donnelly heuerten Anfang der 1970er Jahre einen Schauspieler an, der vor einem Publikum aus Psychiatern, Psychologen und Ausbildern von Sozialarbeitern einen völlig sinnfreien Vortrag halten sollte. Die Forscher übten das Referat mit dem Mimen so ein, dass dieser flüssig sprechen konnte, ohne dabei etwas zu sagen. Der Titel des Vortrags war von ähnlicher Qualität wie der gefälschte Aufsatz von Alan Sokal. Er lautete: «Die Anwendung der mathematischen Spieltheorie in der Ausbildung von Ärzten» («Mathematical Game Theory as Applied to Physician Education»). Der Referent wurde als Dr. Myron L. Fox vorgestellt, er sei Experte dafür, die Mathematik auf das menschliche Verhalten anzuwenden. Dann legte der unglaubliche Dr. Fox los – und reihte fast eine Stunde lang Schwachsinn aus hochtrabenden Formulierungen aneinander. Das Publikum ließ sich von den rhetorischen und schauspielerischen Nebelkerzen blenden: Die Zuhörer waren überzeugt, tatsächlich einen gut strukturierten, anregenden Vortrag gehört zu haben.

Sollten der Fall Alan Sokal und die Ergebnisse der Dr.-Fox-Experimente also Anlass für ein Plädoyer sein, die Macht des komplizierten Unsinns für sich zu nutzen? Wer Publikationen und Webseiten aus dem Dunstkreis der Esoterik und der Alternativmedizin ansieht, gewinnt rasch den Eindruck, dass dort auf dieses Rezept gesetzt wird. Die Autoren verwenden mit Vorliebe Vokabeln, die sich irgendwie wissenschaftlich anhören. Ständig ist die Rede von Quanten, Energien, Ionen und anderen Begriffen, die bei näherem Hinsehen im jeweiligen Zusammenhang keinen

Sinn ergeben. Sie erwecken höchstens den Eindruck, als wäre das Gesagte irgendwie mit Wissenschaft verknüpft.

Und auch Studenten setzen gerne auf sprachliche Nebelwerfer. Der Psychologe Daniel Oppenheimer von der Universität Princeton hat einmal Studenten gefragt, ob sie sich jemals absichtlich kompliziert ausgedrückt hätten, damit sich eine Aussage schlauer anhört. 86,4 Prozent der Befragten gaben zu, dass sie sich hinter komplexen Sätzen verschanzen, um einer Aussage mehr Gewicht zu verleihen. Zwei Drittel gaben sogar zu, dass sie extra im Wörterbuch nach komplizierten Begriffen suchen, um ein einfaches Wort zu ersetzen. Wer schon einmal eine geisteswissenschaftliche Seminararbeit an einer Universität verfasst hat, wird das mit hoher Wahrscheinlichkeit bestätigen können: Während der Recherche ärgert man sich über die gestelzte, schwer verstehbare Sprache der Autoren – und dann streut man selbst seltsame Formulierungen in seinen Text.

Trotzdem sollten Sie auf komplizierten Jargon verzichten. Auf einer Tagung an der Leopoldina Nationale Akademie der Wissenschaften in Halle berichtete der Psychologe Rainer Bromme von einer Arbeit, die er gemeinsam mit seiner Kollegin Eva Thomm veröffentlicht hatte. Darin zeigte sich, dass Texte mit gespreiztem, scheinbar wissenschaftlichem Jargon auf ein Laienpublikum zwar ein wenig glaubwürdiger wirken, aber dass dieser Effekt gering ist. Außerdem erzeugten komplizierte Formulierungen bei Lesern das Gefühl, dass der Inhalt nichts mit ihnen zu tun habe. Komplexität schafft Distanz. Hören wir uns zum Beispiel diese Wortungetüme an, die von Herstellern von Smartphones als Verkaufsargumente ins Feld geführt werden: Ein Gerät verfügt über ein 4,8-Zoll-HD-Super-Amoled-Touchscreen, energieeffiziente Quad-Core-Performance, ein Android-4.0-Ice-Cream-Sandwich-Betriebssystem. Das andere hat ein Android-4.2-Jelly-Bean-Betriebssystem, einen IR-Sensor, mit dem sich das Gerät zur Universalfernbedienung upgraden lässt. Klingt wichtig – aber was das heißt? Das weiß kein Mensch, es geht nur darum, ein Gefühl zu erzeugen – nämlich, dass es sich um ein irre super Smartphone handelt.

Da Sie aber echte Inhalte haben, von denen Sie den Starrkopf überzeugen wollen, ist das Dr.-Fox-Rezept untauglich. Es wirkt bestenfalls als Nebelkerze – aber es funktioniert nicht, wenn Sie eine konkrete Botschaft vermitteln wollen. Komplexes Textrauschen taugt auch nicht, einen Starrkopf zu überzeugen. Was dann? «Wenn Sie Wert darauf legen, für glaubwürdig und intelligent gehalten zu werden, sollten Sie sich nicht kompliziert ausdrücken, wenn man das Gleiche auch in einfachen Worten sagen kann», schreibt Daniel Kahneman. Die empirische Unterfütterung für diese These liefert abermals Daniel Oppenheimer von der Universität Princeton. Der Psychologe ließ in mehreren Experimenten komplexe und einfache Texte miteinander vergleichen. Bei den einfachen waren zum Beispiel besonders lange Wörter durch kürzere Synonyme ersetzt worden. Oder seine Probanden mussten zwei Übersetzungen eines Textes des französischen Philosophen René Descartes vergleichen, die unterschiedlich leicht zu verstehen waren. Die Ergebnisse waren eindeutig: Leichtverständliche Texte wurden als glaubwürdiger und deren Autoren als intelligenter wahrgenommen. Besonders ausgeprägt sei der Effekt, berichtet Oppenheimer, wenn der eigentliche Inhalt eines Textes fast banal sei. Mit anderen Worten: Wenn Sie eine einfache und klare Botschaft haben, verstecken Sie diese nicht hinter nebulösen Begriffen und Sätzen.

Der Auslöser dieses Effekts ist abermals die Verarbeitungsflüssigkeit. Wie wir bereits gelernt haben, geht der Eindruck, dass einem eine geistige Aufgabe leichtfällt, mit positiven Gefühlen einher. Und das trifft auch auf Texte und Argumente zu: Wenn sie leicht zu verstehen sind, rufen sie eine wohlwollende Einstellung hervor. Und das erzeugt wiederum ein Gefühl von Glaubwürdigkeit und Wahrheit. So bewerteten Probanden in Studien zum Beispiel die Geschäftsaussichten fiktiver Unternehmen positiver, wenn diese leicht auszusprechende Namen hatten. Kostete es Mühe, den Firmennamen über die verknotete Zunge zu bringen, dann fiel die Bewertung auch ziemlich mies aus. Und selbst in der realen Welt abseits der psychologischen Forschungslabore wirkt sich eine hohe Verarbeitungsflüssigkeit segensreich aus: So zeigen Aktien, deren Handelskürzel sich leicht aussprechen lassen, laut Studien zum Beispiel eine bessere Kursentwicklung als Wertpapiere mit komplizierten Abkürzungen.

In einem Beitrag für das amerikanische Internetmagazin Slate wies die Bloggerin und Chemikerin Michelle Francl-Donnay vom Bryn Mawr College im Februar 2013 darauf hin, dass dieser Mechanismus auch in der Medizin eine Rolle spielt. Sie kommentierte eine Geschichte aus dem Magazin der New York Times. Deren Autorin schilderte ihre Odyssee mit ihrem an Rheuma erkrankten Sohn. Irgendwann setzte sie dessen Medikamente ab und vertraute stattdessen auf ein Pulver aus der Traditionellen Chinesischen Medizin (TCM). Das TCM-Mittel nannte sich Vier-Wunder-Mittel. Die Medikamente, die er vorher eingenommen hatte, trugen Namen wie Methotrexat. Michelle Francl-Donnay argumentiert, dass die unterschiedliche Verarbeitungsflüssigkeit die positive Einstellung zu dem TCM-Präparat fördere, während die schwierige Bezeichnung für die Medikamente eher eine negative befeuere.

Dass auch das TCM-Mittel unterschiedliche Substanzen enthalte, die hässliche Bezeichnungen trügen wie Quercetin, Berberin oder Achyranthine, sei hinter dem schönen Namen erfolgreich verborgen, schreibt Francl-Donnay. Und plädiert dafür, Rheumamittel wie Methotrexat umzubenennen. Dieses trägt auch die Bezeichnung Amethopterin, die sich aus den griechischen Begriffen für Wein (Meth) und für Federn (Pterin) herleitet. Würde das Mittel als Geist der Federn statt Methotrexat vermarktet, könnte es vielleicht mit dem Vier-Wunder-Mittel konkurrieren. Und Salicylsäure – der Wirkstoff in Aspirin – ließe sich als Extrakt der Weidenrinde bezeichnen, denn daraus wurde sie einst gewonnen. Die Verarbeitungsflüssigkeit könnte übrigens auch erklären, warum manche Menschen auf Aids-Leugner hereinfallen: Es kostet mehr Mühe, «antiretrovirale Medikamente» auszusprechen, als etwa «Vitamine» zu sagen.

FAZIT:

Bemühen Sie sich um eine klare, einfache und leichtverständliche Sprache. Verzichten Sie auf Fremdwörter, hüten Sie sich vor langen Wörtern. Je geläufiger die verwendeten Vokabeln sind, desto besser. Verstecken Sie banale Botschaften nicht hinter komplizierten Begriffen. Nur wenn Sie gar keine Botschaft haben, können Sie Nebelkerzen werfen und hemmungslos losschwurbeln.

Framing

Auf viele Dinge im Leben kann man sich verlassen. Verpasst man der Patellarsehne unterhalb des Knies einen leichten Schlag, lässt ein Reflex den Unterschenkel nach vorne schnellen. Ungefähr so verhält sich ein Anhänger des Marktliberalismus, wenn er das Wort «Steuererhöhung» zu hören bekommt. Da gleicht er einem Grünen-Parteigänger aus Deutschland, dem der Begriff «Atomkraftwerk» ins Ohr schlüpft: Sie keilen aus. Diese Begriffe bedienen Reflexe, bei denen es sich leider um Abwehrreaktionen handelt. Die inneren Rollläden rasen nach unten, der Starrkopf ist vernagelt und kaum mehr bereit, noch irgendwelche Informationen aufzunehmen. Was tun? Psychologen empfehlen, das *framing* anzupassen. Das bedeutet nichts anderes, als die gleichen Informationen unterschiedlich zu verpacken. In diesem konkreten Fall geht es darum, die richtigen Begriffe zu verwenden – und jene zu vermeiden, die zu Abwehrreflexen führen.

Wer etwa einem US-Republikaner die Notwendigkeit einer Klimawandel-Steuer nahelegt, wird heftige Gegenwehr ernten. Wer hingegen einen Kohlendioxid-Ausgleich vorschlägt, erhält eher die Chance, dass anschließend noch ein, zwei seiner Argumente zumindest wahrgenommen werden – einfach, indem er die Schlüsselbegriffe «Steuer» und «Klimawandel» vermeidet, auf die Konservative in den USA allergisch reagieren. Wie absurd das manchmal ist, zeigt der Psychologe Norbert Schwarz: Die Einstellung zum Klimawandel ändert sich, je nachdem, mit welchem Begriff danach gefragt wird. Dazu muss man wissen, dass konservative Amerikaner in der Regel von Global Warming (globaler Erwärmung) sprechen, nicht von Climate Change (Klimawandel). In der Umfrage von Schwarz und Kollegen gaben 44 Prozent der befragten Republikaner an, dass die globale Erwärmung eine Tatsache sei (was heißt, dass 56 Prozent glaubten, dass es sich um ein Märchen handelt!). Fragten die Psychologen hingegen, ob der Klimawandel ein reales Phänomen sei, stimmten 60,2 der Republikaner dem zu. Die für die Anhänger der politischen Rechten neutrale Formulierung sprach offensichtlich die Abwehrreflexe in geringerem Maße an: Die Zustimmung lag in diesem Fall beinahe um 50 Prozent höher.

Die Amerikaner wieder? Auch in Deutschland schwirren viele Begriffe durch die Debatten, die in irgendeine Richtung besetzt sind. Etwa im Bildungsbereich, wo häufig das Wort «Regelschulen» auftaucht. Es bezeichnet normale, staatliche Schulen und wird von besorgten Eltern und engagierten Lehrern beinahe angeekelt verwendet. Oder der Begriff «chemisch». Alles in der Welt besteht aus Molekülen und ist daher chemisch. Doch das Wort ist längst ein gängiges Synonym für alles, was die Industrie hervorbringt und was als unnatürlich wahrgenommen wird. «Chemisch» ist so eindeutig negativ konnotiert.

Doch das wohl bekannteste Wörter-Gefecht liefern sich die Kombattanten der gegensätzlichen Medizin-Varianten. Es sei völlig unsinnig, zwischen Alternativmedizin und Schulmedizin zu unterscheiden, sagt Jürgen Windeler, Leiter des Instituts für Qualität und Wirtschaftlichkeit im Gesundheitswesen (IQWiG), das den Nutzen medizinischer Therapien untersucht und bewertet. Man rede ja auch nicht von alternativer Mathematik. «Wichtig ist alleine die Frage, ob es wirkt oder nicht und ob es dem Patienten nutzt – und wenn dies der Fall ist, dann handelt es sich um Medizin», sagt Windeler. Wenn Therapien oder Mittel aber weder Wirkung noch Nutzen zeigten, verdienten sie die Bezeichnung Medizin nicht – auch dann nicht, wenn ihnen ein Label wie alternativ oder komplementär vorangestellt werde.

Der Leiter des IQWiG hat recht: Die Begriffe sind Unsinn. Doch darum geht es gar nicht. Historisch betrachtet, erfüllten die Bezeichnungen für verschiedene Heilschulen einen Zweck. Stets ging es darum, die eigene Idee gegen andere Theorien abzugrenzen und seinen Anhängern ein «Wir-gegen-sie»-Gefühl einzubläuen. So schmähte Samuel Hahnemann, der Begründer der Homöopathie, Therapien als Allopathie, die seiner Lehre widersprachen. Gegen Ende des 19. Jahrhunderts brachten dann naturheilkundliche Publikationen den heute weitverbreiteten Begriff der Schulmedizin in die Diskussion. Abermals ging es darum, sich abzugrenzen und die Vertreter der in den Universitäten etablierten Medizin abzuwerten.

In der Gegenwart schwirren nun Begriffe wie komplementäre oder integrative Medizin durch den Raum. Damit wird suggeriert, dass es sich um ein zusätzliches Angebot zur Medizin handele – fast wie ein Nachtisch zu einem reichlichen Menü, der ja schließlich nicht schaden könne und sicher lecker schmecke. Doch wer mit Starrköpfen diskutiert, muss sich fragen: Will ich nicht einen eigenen Nachtisch servieren? Es sollte ein Dessert sein, das aus den korrekten Zutaten besteht und trotzdem allen schmeckt. So meiden wir künftig den Begriff «Schulmedizin» und sprechen von «wissenschaftlicher Medizin». Statt «Meeting» sagen wir künftig «Treffen». Und wer ein Synonym für «Shopping» findet, das Männer nicht sofort auf die Palme bringt, möge sich bitte beim Autor melden.

FAZIT:

Achten Sie auf die richtigen Wörter. Vermeiden Sie Begriffe, die den Starrkopf automatisch gegen Sie aufbringen. Finden Sie stattdessen Synonyme dafür.

Erzähle eine Geschichte

Eine gute Erzählung

Es war einmal ein gefallener grausamer Herrscher. Viele Jahre
hatte er sein Volk geknechtet, sein Land ausgeplündert, Feinde
verfolgt und getötet und manche Kriege geführt. Mehrmals legte
er sich mit dem Anführer eines noch viel mächtigeren Staates
an – bis ihn dieser schließlich stürzte. Am Ende wurde es einsam
um den ehemaligen Herrscher. Als ihn seine Häscher schließlich
fingen, stand ein gebrochener Mann vor ihnen. Doch die Nachricht seiner Verhaftung zeigte Folgen.

Auf diese Brüder-Grimm-Formel ließe sich die Episode reduzieren, die der Autor Nassim Nicholas Taleb in seinem Buch «Der
Schwarze Schwan. Die Macht höchst unwahrscheinlicher Ereignisse» schildert. Sie ist ein herrliches Beispiel für das menschliche Bedürfnis nach Geschichten, die Vorgänge kausal erklären.
Am 13. Dezember 2003 nahmen amerikanische Soldaten Saddam
Hussein fest. Der gestürzte Diktator des Irak hatte sich in einem
Dorf nahe seiner Heimatstadt Tikrit versteckt. Angeblich hauste
er jämmerlich in einem Erdloch, als die Amerikaner ihn aufspür-
ten. Bei seiner Festnahme sah der ehemalige Potentat zauselig
und verwahrlost aus. Er trug einen struppigen grauen Vollbart,
seine Haare standen wirr von seinem Schädel, und er war offensichtlich erschöpft.

Am Mittag amerikanischer Ostküstenzeit meldete der Finanz-
nachrichtendienst *Bloomberg News*: «US-Staatsanleihen steigen;
Ergreifung von Hussein wird den Terrorismus vielleicht nicht

eindämmen.» Die Vorgänge im Dorf Dur bei Tikrit wurden als Begründung für Bewegungen am amerikanischen Wertpapiermarkt angeboten. Bewegt sich ein Kurs in die Höhe, bedeutet das nichts anderes, als dass mehr Marktteilnehmer ein bestimmtes Wertpapier kaufen als verkaufen wollen. Und weil Staatsanleihen im Gegensatz zu Aktien als defensives Investment gelten, das in Zeiten politischer Unsicherheit besonders begehrt ist, lieferte *Bloomberg* folgende Interpretation: Die Ergreifung Saddam Husseins werde den internationalen Terrorismus nicht eindämmen. Deshalb sei die politische Lage weiterhin so unsicher, dass viele Investoren lieber die Finger von riskanten Anlagen wie Aktien ließen.

Ein halbe Stunde darauf veröffentlichte *Bloomberg News* eine neue Einordnung der Nachricht aus dem Irak. Die Kurse amerikanischer Staatsanleihen waren in den seither vergangenen 30 Minuten gefallen – ein ganz normaler Vorgang, Wertpapierkurse fluktuieren im Laufe eines Tages; das heißt, sie steigen und fallen ständig. Lediglich starke Ausschläge nach oben oder unten stellen etwas Besonderes dar. *Bloomberg News* spielte nun folgende Schlagzeile über den Ticker: «US-Staatsanleihen fallen; Ergreifung von Hussein steigert die Attraktivität riskanter Anlagen.» Binnen einer halben Stunde wurde also die Nachricht von der Verhaftung Saddam Husseins einmal als Grund fallender und einmal als Ursache steigender Kurse verkauft – was selbstverständlich nicht sein kann, wie Nassim Nicholas Taleb betont.

Welche Variante der Interpretation stimmte nun also? Auf welche Weise beeinflusste die Verhaftung des zerzausten irakischen Ex-Diktators die Kurse der amerikanischen Staatsanleihen? Ziemlich sicher traf keine von beiden Interpretationen zu – die Verhaftung Saddam Husseins war für die Preise dieser Wertpapiere schlicht irrelevant. Das Beispiel verdeutlicht aber, wie sehr die Finanzmärkte nach Begründungen für Kursbewegungen lechzen. An den Börsen wimmelt es vor Erklärungen, wobei es sich in der Regel um sogenannte Post-hoc-Begründungen handelt: Man sucht im Nachhinein nach Faktoren, die einen Vorgang begründen könnten. Häufig werden dabei Zusammenhänge hergestellt, die nichts mit der Wahrheit zu tun haben.

Die Finanzmärkte sind für diese Art der Sinnstiftung besonders anfällig: Die Kurse bewegen sich ständig, für die Marktteilnehmer steht viel Geld auf dem Spiel. Investoren versuchen die ganze Zeit, Unternehmenszahlen, Konsumentenverhalten, Dutzende weiterer Indizes und politische Entwicklungen zu interpretieren, um die Zukunft ihrer Investitionen zu prognostizieren. Weil es an der Börse allerdings meistens ohne große Anlässe bergauf oder bergab geht und die Finanzmärkte mit der Weltpolitik verbunden sind, werden aus Ereignissen auf der ganzen Welt Geschichten konstruiert, die willkürliche Kursbewegungen logisch zu erklären scheinen. Die Märkte schaffen sich mit diesen Erzählungen eine Illusion des Wissens: In der Rückschau verliefen sämtliche Entwicklungen zielgerichtet und mit scheinbar grausamer Unausweichlichkeit.

Nun ist es spätestens seit Ausbruch der Finanzkrise, der Pleite der Investmentbank Lehman Brothers im Jahr 2008, und den Verwerfungen der Euro-Krise populär, über die Irrationalität der Finanzmärkte zu schimpfen. Das geschieht zwar mit gutem Grund. Doch das Beispiel aus Nassim Nicholas Talebs Buch erzählt nicht nur eine schöne Geschichte über die Sagen und Legenden, an denen sich die Börsen orientieren. Nein, leider lenkt es das Schlaglicht auf jeden Einzelnen von uns. Wir alle, nicht nur die Anzugträger der Wall Street, erzählen Geschichten nach diesem Strickmuster, um scheinbar stringente Erklärungen für Vorgänge zu finden. Und am stärksten betrügen wir uns damit selbst.

Unser Leben besteht aus unzähligen einzelnen Begebenheiten, die für sich genommen keine Bedeutung haben und die wir sofort wieder vergessen. Niemand berichtet Freunden, wie er sich gestern die Zähne geputzt hat oder die nasse Wäsche aus der Maschine genommen und aufgehängt hat. Stattdessen erinnern wir uns an Dinge, die außergewöhnlich sind, weil sie selten passieren oder weil wir sie in unserer Erinnerung zu einer stringenten Geschichte zusammenfügen, in der ein Ereignis scheinbar zwingend auf das andere folgt. Mit den kleinen Geschichten rechtfertigen wir uns, warum wir zum Beispiel zu spät ins Büro gekommen sind oder etwas vergessen haben. Die Gesamtheit der großen Geschichten nennen wir persönliche Biographie.

Die meisten dieser Geschichten haben eines gemeinsam: Sie handeln von kausalen Zusammenhängen. Ein Vorgang löst den anderen aus, eine Situation bedingt die andere. Solche Geschichten halten wir für besonders glaubwürdig. Gleichzeitig fällt es uns besonders leicht, genau diese Art von Geschichten selbst zu konstruieren, wie Daniel Kahneman in seinem Buch «Schnelles Denken, langsames Denken» anhand von drei simplen Sätzen zeigt, die Probanden für eine Studie vorgelegt wurden:

«Freds Eltern trafen verspätet ein. Der Partyservice wurde in Kürze erwartet. Fred war wütend.»

Diese drei Sätze erklären streng genommen nicht, warum Fred sauer war. Doch der Leser konstruiert sofort eine Kausalität und schmückt diese Geschichte quasi aus. Unpünktlichkeit und Wut stehen in unseren Vorstellungen in einem engen Zusammenhang, in den auch die Ankunft des Partyservices eingepasst wird. Die Geschichte, die unser automatisches Denken spontan konstruiert, lautet in etwa so: «Fred hatte mit seinen Eltern vereinbart, dass sie rechtzeitig vor Beginn des Festes bei ihm ankommen würden. Gemeinsam sollte die Wohnung hergerichtet und alles vorbereitet werden, damit das Essen und die Getränke, die der Partyservice bringen sollte, angerichtet werden könnten. Weil sich Freds Eltern aber so sehr verspäteten, dass der Partyservice praktisch schon vor der Tür stand und Fred alle Vorbereitung allein hatte treffen müssen, soweit es eben ging, ist er jetzt also ziemlich sauer auf seine Eltern, zu Recht.» Eine kohärente Abfolge von Ursachen, die bestimmte Folgen nach sich gezogen haben.

Psychologen um Ran Hassin und John Bargh demonstrierten diese automatische kausale Interpretation in einer Studie, die sie im *Journal of Experimental Social Psychology* veröffentlichten. Sie legten ihren Probanden eine ähnliche Geschichte vor wie die von Fred, allerdings in unterschiedlichen Versionen, und fragten anschließend die Assoziationen der Probanden ab. Eine Version lautete: «Nachdem Jane den ganzen Tag durch die überfüllten Straßen New Yorks gegangen war, um die beeindruckenden Sehenswürdigkeiten zu betrachten, bemerkte sie, dass ihre Geldbörse verschwunden war.» Wer diese Schilderung gelesen hatte, assoziierte anschließend besonders häufig das Wort «Taschendieb». Dabei wären unzählige andere Gründe dafür denkbar, dass Jane ihr Portemonnaie nicht finden kann. Aber die Erwähnung von überfüllten Straßen in New York legt uns sofort nahe: In dem Gedrängel muss ein Taschendieb zugeschlagen haben. New York ist schließlich bekannt für hohe Kriminalitätsraten, und wahrscheinlich war Jane auch noch abgelenkt, als sie da in der Menschenmenge lief und das Chrysler Building bestaunte oder die Atmosphäre in den Gassen von China Town in sich aufsaugte.

Menschen suchen automatisch nach Ursachen. Zufall und Glück empfinden wir als kalt, abstoßend und zu abstrakt. Wir lechzen nach Ursachen, nach Auslösern, deshalb verknüpfen wir automatisch Informationen zu kausalen Erklärungen. Die Börsenkurse steigen, weil Saddam Hussein gefangen wurde. Die Börsenkurse fallen, weil Saddam Hussein gefangen genommen wurde. Hauptsache, man liefert uns eine Begründung, denn damit überzeugen wir uns selbst und andere. Deshalb sind viele Patienten auch so erleichtert, wenn ihr Leiden beim Arzt durch eine Diagnose einen Namen erhält – selbst wenn dieser nichtssagend ist. Und deshalb finden sie auch Ärzte schlecht, die wahrheitsgemäß erklären, dass sie keine Ursache für die Symptome entdecken können. Wenn Ihr Partner Sie also demnächst nach einer Verfehlung Ihrerseits fragt, was Sie sich bitte schön dabei gedacht haben, sagen Sie nicht: «Nichts.» Sondern erzählen Sie, wie eins zum anderen führte.

FAZIT:

Wenn Geschichten Ursachen für Vorgänge erklären, finden wir sie besonders überzeugend. Und je klarer und konkreter diese sind, desto einleuchtender finden wir sie.

Meide Statistiken

Wenn Statistik gegen Geschichten antritt, dann liegen die Zahlen meistens nach wenigen Runden k. o. im Staub. Persönliche Erzählungen schlagen die robusteste Studie – das ist tragisch, aber nicht zu leugnen. Ein Beispiel dafür zeigte sich, als die US Preventive Services Task Force (USPTF) Daten veröffentlichte, die Auskunft gaben über Screenings zur Früherkennung von Prostatakrebs bei Männern. Das Expertengremium hatte die Daten im Auftrag des amerikanischen Gesundheitsministeriums ausgewertet und darüber hinaus Studien analysiert, um den Nutzen und die Risiken der Untersuchungen zu kontrollieren. Das Fazit der USPTF-Experten fiel eindeutig aus: Das Prostata-Screening ist wertlos. Es rettet keine Leben und ist mit einigen Risiken verbunden.

Doch so eindeutig die Daten waren, so klar fiel auch die Niederlage der USPTF-Experten aus. Kaum hatten sie ihre Empfehlung veröffentlicht, meldeten sich Rudy Giuliani und weitere amerikanische Prominente zu Wort – und erzählten ihre persönlichen Geschichten. Der ehemalige Bürgermeister von New York hatte selbst eine Prostatakrebsdiagnose erhalten und die Krankheit überstanden. Die Daten der Forscher konterte Giuliani mit der Geschichte seines Leidens und der Aussage, dass er nicht mehr am Leben wäre, hätte er sich nicht auf das prostataspezifische Antigen (PSA) untersuchen lassen. Er setzte – intuitiv – voll auf die Überzeugungskraft vermeintlicher Kausalität.

Gegen solche Killeraussagen sind Daten machtlos. In der unendlichen Debatte über Sinn und Unsinn von Homöopathie offenbart sich das immer wieder. Die Gegner der Zuckerkügelchen werfen Studien in den Ring, reden von Meta-Analysen und von der Aussagekraft sogenannter randomisierter, doppelt verblindeter, placebokontrollierter klinischer Studien. Diese stellen in der Tat den Goldstandard medizinischer Studien dar, aber das Konzept ist schwer zu erklären, die Begriffe sind abstrakt. Und wenn dann der folgende Satz fällt, hat die Diskussion sofort starke Schlagseite: «Das mit den Studien ist ja schön, aber als ich mir letzten Herbst diese heftige Infektion eingefangen hatte, haben mir die Kügelchen geholfen.»

Nach diesem Muster laufen viele Debatten. «Wer sich lediglich auf die Fakten stützt – ohne Geschichten über echte Menschen zu erzählen –, muss sich jedes Mal arg abmühen, die Debatte unter Kontrolle zu halten. Normalerweise verlieren sie diese Diskussionen», schreiben Zachary Meisel und Jason Karlawish in einem Beitrag für das *Journal of the American Medical Association*. Darin fordern der Mediziner und der Bioethiker ihre Kollegen und andere Wissenschaftler auf, Daten und Evidenz endlich in gute, emotionale Geschichten zu verpacken. Bislang sei das leider nicht der Fall: «Wissenschaftliche Artikel sind von sich aus leidenschaftslos und erzählen keine Geschichte.»

Wissenschaftler betrachten Geschichten üblicherweise nur mit angeekeltem Blick. Anekdoten liefern keine Beweise, argumentieren sie und haben damit recht. Erst aus unzähligen Anekdoten lassen sich aussagekräftige Indizien destillieren – das nennt man dann Daten. Überzeugend sind diese leider nicht mehr: Zahlreiche Studien haben gezeigt, dass Anekdoten stärker wirken als Zahlen. Geschichten packen Menschen und deren Denken an den Emotionen. Und um Starrköpfe zu überzeugen, müssen wir dieses Mittel ebenfalls nutzen. Zachary Meisel und Jason Karlawish drücken es in ihrem Beitrag so aus: «Wir sollten aber Geschichten dazu nutzen, Patienten verständlich zu machen, was wissenschaftlich bewiesen ist und was nicht.» Im Idealfall passen diese zu den Daten.

Versuchen wir das. Frauen und Männer sprechen ungefähr gleich viel, doch der Ruf als Quasselstrippe bleibt Frauen vorbehalten. Im Jahr 2007 traten Psychologen um Matthias Mehl von der University of Arizona in Tucson an, um dieses populäre Vorurteil zu überprüfen. Der Wissenschaftler stattete sechs verschiedene Gruppen mit insgesamt mehr als 400 Teilnehmern mit Aufnahmegeräten aus, die zehn Tage lang alle paar Minuten Geräusche aufzeichneten, ohne dass die Träger der Rekorder wussten, wann genau aufgenommen wurde. Am Ende werteten die Psychologen Hunderte Stunden Geschwätz aus und zählten, wie viele Wörter Männer und Frauen jeweils im Schnitt äußerten. Die angeblich so schweigsamen Männer erreichten eine Quasselbilanz von 15 669 Wörtern pro Tag. Die Frauen in der Studie redeten nur unwesentlich mehr, sie schafften 16 215 Wörter – ein Unterschied, der statistisch nicht signifikant ist. Puh, das waren viele Zahlen, viele Statistiken. Und überzeugt das?

Vielleicht hilft hier Lothar Matthäus. Der Rekordnationalspieler, Rekordtrainerbewerber und Rekordselbstdemontierer tritt in der Öffentlichkeit als sportliche Labertasche auf. Der Mann lässt kein Mikrophon aus, ein Lothar Matthäus hat schließlich viel zu sagen. Unter Sportjournalisten erzählt man gerne, wie Interviews mit Matthäus ablaufen. Es sei dabei absolut ausreichend, eine einzige Frage zu stellen. Wenn man sich vergewissert habe, dass das Aufnahmegerät eingeschaltet sei, könne man sich eine Auszeit von mehreren Stunden nehmen. Spazieren gehen, Erledigungen machen, einkaufen – Lothar Matthäus sei gewiss noch am Reden, wenn man irgendwann zurückkehre.

Dieser Geschichte nach zu urteilen, gleicht der Ex-Fußballer US-amerikanischen Politikern. Im März 2013 hielt der Republikaner Rand Paul im Senat eine Nonstop-Marathonrede von 13 Stunden. Er wollte so die Abstimmung über den neuen CIA-Chef verzögern. Doch den amerikanischen Labertaschenrekord hält noch immer der Senator Strom Thurmond: Er wetterte 1957 ganze 24 Stunden und 18 Minuten lang ohne Punkt, Komma oder Pause vor dem Plenum gegen die Aufhebung der Rassentrennung. Also, wer redet mehr? Frauen oder Männer? Und was überzeugt mehr: Zahlen oder Geschichten?

FAZIT:

Vermeiden Sie es, nur mit Zahlen und Studien zu argumentieren. Erzählen Sie gute Geschichten, die zu den Fakten passen. Überwinden Sie Ihre Scheu vor konkreten Schilderungen (falls Sie ein Wissenschaftler sind). Geschichten sind der Katalysator, über den Menschen Dinge begreifen.

Ein ungleiches Duell

In der Praxis ist es oft schwer, eine gute und konsistente Geschichte zu konstruieren. Mehr noch: Dummerweise ist die Korrektur eines Irrglaubens meistens die schlechtere Geschichte. «Die wahre Geschichte scheint oft weniger kohärent und weniger überzeugend zu sein als die falsche», sagt der Psychologe Norbert Schwarz. Die meisten Verschwörungstheorien haben beispielsweise zum Inhalt, dass mächtige Konzerne, skrupellose Regierungen oder Figuren aus Wissenschaft und Medizin aus Eigennutz finstere Machenschaften gegen die Menschheit betreiben. Es ist das Strickmuster eines Hollywood-Films, die Welt ist klar in Gut und Böse eingeteilt. Eine der erfolgreichsten Geschichten der Menschheit, die gerade im Zusammenhang mit Mythen und Irrtümern erzählt wird, ist die von David gegen Goliath: Kleinbauern gegen Großkonzerne wie Monsanto; die Alternativmedizin als Gegenentwurf zur übermächtigen Pharmaindustrie; der Schwache gegen den Starken – es sind Geschichten vom sympathischen Underdog, der gegen den unbezwingbaren Giganten kämpft. Die Sympathien sind in Geschichten nach diesem Strickmuster klar verteilt – und deshalb sind Mythen und Irrtümer dummerweise oft spannender.

Das lässt sich zum Beispiel an der Geschichte der Numerologie und der Deutung der ägyptischen Pyramiden zeigen. Die Pyramiden von Gizeh faszinieren die Menschen seit Jahrtausenden. Gigantischen Rätseln gleich, stehen diese riesigen Bauwerke in der Wüste nahe Kairo. Wie war es ohne moderne Maschinen möglich, sie zu erbauen? Wie viele Menschen mussten für diese Mausoleen der Pharaonen ihr Leben lassen? Und welche ungelüfteten Geheimnisse haben die antiken Herrscher darin verborgen? Es kann doch nicht sein, dass es sich hierbei nur um die größenwahnsinnigen Konstruktionen narzisstischer Despoten handelt, die sich davor fürchteten, nach ihrem Tod der Bedeutungslosigkeit und Vergessenheit anheimzufallen.

Die Pyramiden drängen förmlich dazu, sie zu erforschen, zu erklären und sie mit einem Außenputz voller Mythen, Geschichten und Legenden zu versehen. Unter anderem haben sich Numerologen an den Bauwerken abgearbeitet. Die Disziplin der Numerologie versuchte gut 2000 Jahre lang, eine Art Mystik der Mathematik zu etablieren, und forschte nach verborgenen Weissagungen oder Weisheiten in Form von Zahlen. Mitte des 19. Jahrhunderts wandten John Taylor und Charles Smyth ihre Methoden auf die Pyramiden von Gizeh an. Die beiden Numerologen vermaßen die Bauwerke und suchten nach versteckten Beziehungen zu bedeutenden Zahlen aus der Mathematik, zu Größen der Erde und anderen Konstanten der Natur. Sie maßen, rechneten, wurden fündig – und begründeten eine neue Facette des Kultes um die Pyramiden. Unter anderem war es ihre Arbeit, die den Esoteriker Erich von Däniken zu der Aussage verleitete, intelligente Außerirdische hätten einst die Erde besucht.

So schrieb Taylor, dass das Verhältnis der zweifachen Grundfläche der Pyramide zu ihrer Höhe etwa dem Verhältnis des Durchmessers eines Kreises zu seinem Umfang, also in etwa der Kreiszahl π entspricht. Inspiriert von diesen Aussagen, rechnete Smyth weiter an den mächtigen Mausoleen von Gizeh herum. Schließlich schrieb er, dass das Verhältnis der Basis der Pyramide zur Breite eines der äußersten Steinblöcke 365 betrage – die Zahl der Tage eines Jahres! Smyth rechnete weiter: Die Höhe der Pyramide, multipliziert mit 10 hoch 9, ergibt in etwa die Entfernung der Erde zur Sonne.

Faszinierend, nicht wahr? Doch alle diese Berechnungen sind wertlos. Die Ägypter haben die Entfernung der Erde zur Sonne nicht als kleines, geheimes Osterei in einem Detail ihres so schon beeindruckenden Baus berücksichtigt. Sie haben auch nicht die

Kreiszahl Pi zwischen Steinen und Staub verborgen. Doch die Legende von den hyperintelligenten Bauingenieuren der Pharaonen ließ sich kaum aus der Welt schaffen – und deshalb taugen die Phantastereien von Taylor und Smyth so gut als Beispiel. Die beiden erzählen eine gute Geschichte, die viele Elemente enthält, die wir auch in anderen Kontexten gerne glauben: Da hat eine untergegangene Zivilisation mehr von der Welt und den Beziehungen zwischen Menschen, Himmel und Erde gewusst als wir von der Moderne verdorbenen Kreaturen.

Die Widerlegung dieses Mythos ist hingegen nüchtern, sie ist trocken, und sie erzählt keine Geschichte. Im Gegenteil, sie raubt eine schöne Geschichte und gibt dafür nichts zurück als blanke Ratio. Sie lautet folgendermaßen: Eine so große und komplexe Struktur wie die Pyramiden liefert derart viele Möglichkeiten, Maße zu nehmen und in Beziehung zueinanderzusetzen, dass sich mit genug Beharrlichkeit und Phantasie jede beliebige Zahl und jede beliebige Beziehung zu Konstanten der Mathematik oder der Natur errechnen ließe. Mit dem nötigen Handwerkszeug und Geduld könnten Sie wahrscheinlich auch Ihre Handynummer aus Messungen an der Grundfläche, den Steinen, den Kanten und der Höhe der Pyramiden errechnen. Und genau das sollte geschehen, wenn ein mathematisch begabter Mensch mit einem Starrkopf über die Numerologie und Pyramiden diskutiert. Er müsste demonstrieren, wie er den Geburtstag seiner Mutter oder die Ziffernfolge des Nummernschildes des Starrkopfes aus den Maßen der Pyramiden herausrechnet – das wäre eine Geschichte, die greifbar ist.

Nun diskutieren wir in unserem Alltag nur selten über Pyramiden und die Geheimnisse der alten Ägypter. Der Mediziner Zachary Meisel und der Bioethiker Jason Karlawish schildern in ihrem Essay jedoch relevante Beispiele, wie sich die Macht der Geschichten als Waffe gegen Irrtümer in Stellung bringen lässt – etwa in der Impfdebatte, in der beide Seiten emotionale Anekdoten zu berichten hätten. Die prominenteste Impfgegnerin der USA ist zum Beispiel die Schauspielerin Jenny McCarthy. Sie pflegt noch immer den alten, längst widerlegten Mythos, die Masern-Mumps-Röteln-Impfung (MMR) könne Autismus auslösen. Als Hauptargument führt sie das Schicksal ihres Sohnes ins Feld, der an Autismus leidet und auch einst eine MMR-Impfung erhalten hatte. Auf Gegenargumente erwiderte sie, ihr Sohn sei ihre Wissenschaft.

Die Krankheitsgeschichte eines Kindes entfaltet starke Emotionen, vergessen Sie also Studien und Statistik. Um zum Beispiel den Wert der Impfung gegen Keuchhusten zu betonen, könnte stattdessen die Geschichte eines anderen Kindes erzählt werden, die die Bedeutung von Impfungen und die Gefahr fehlender Immunisierung ebenso stark darstellt. Etwa der tragische Fall von Dana McCaffery: Die Eltern des Mädchens – Toni und David – haben eine Webseite eingerichtet, auf der sie ihre Geschichte erzählen. Die Familie lebt in einer Region Australiens, in der die Impfraten außerordentlich gering sind. Das liege zum einen daran, dass viele Erwachsene nicht wissen, dass sie ihre Immunisierungen regelmäßig auffrischen müssen, schreiben die McCafferys. Der andere Grund sei das verbreitete Misstrauen gegen Impfungen.

Anfang des Jahres 2009 gebar Toni McCaffery ihr drittes Kind, ein kleines Mädchen, das die Familie Dana nannte. Im Alter von knapp zwei Wochen hatte sich die Kleine scheinbar eine Erkältung eingefangen. Ihre Nase lief, sie hustete und war schlapp. Der Zustand des Mädchens verschlechterte sich innerhalb weniger Tage. Nachts peinigten es heftige Hustenattacken, es lief blau an und musste offensichtlich schwer leiden. Die Eltern brachten es in ein Krankenhaus. Die Diagnose war klar: Dana hatte Keuchhusten. Für Säuglinge stellt die bakterielle Infektion eine ernste Gefahr dar, doch sie sind noch zu klein, um sie dagegen zu impfen. Deshalb ist es wichtig, dass sich so viele Erwachsene wie möglich immunisieren lassen, das senkt die Gefahr einer Infektion für alle.

Dana McCaffery hatte das Pech, in einer impfmüden Gegend auf die Welt zu kommen. Ihr Zustand verschlechterte sich zusehends, denn Keuchhusten lässt sich nur schwer behandeln. Sie lag an einem Tropf, bekam Sauerstoff zugeführt und musste künstlich ernährt werden. Ein Hustenkrampf folgte auf den nächsten. Die Kleine wurde nach Brisbane in eine Säuglingsintensivstation verlegt. Dort verschlimmerte sich ihr Zustand. Die Infektion griff nun ihr Herz an, ihr Immunsystem brach zusammen. Nach zehn Stunden Bluttransfusionen, Hoffen und Bangen starb Dana McCaffery. Sie wurde vier Wochen alt. Das Kind war Opfer einer Infektion geworden, die es sich wegen der Impfmüdigkeit der Menschen in ihrer Umgebung zugezogen hatte. Danas Eltern erzählen seither ihre Geschichte, um das Leben anderer Säuglinge zu schützen – und impfverweigernden Starrköpfen etwas entgegenzusetzen.

FAZIT:

Seien Sie sich bewusst, dass Sie ein ungleiches Duell fechten müssen. Die meisten Irrtümer und Mythen stützen sich leider auf die besseren und spannenderen Geschichten als die tatsächlichen Fakten. Es ist schwer, aber überlegen Sie, welche Erzählung Sie dem entgegensetzen können. Werden Sie so konkret wie möglich. Überraschen Sie Ihren Diskussionspartner mit Geschichten, die verblüffen. Greifen Sie ein Detail auf, das zu Ihrer Nachricht passt, und erzählen Sie.

Wie Geschichten das Denken vernebeln

In einem ihrer bekanntesten Experimente verdeutlichten Amos Tversky und Daniel Kahneman, wie eine schlüssige – also kohärente – Geschichte logisches Denken beiseitefegen kann. Die Psychologen legten ihren Probanden die Beschreibung einer fiktiven Person namens Linda vor.

> «Linda ist 31 Jahre alt, Single, freimütig und sehr intelligent. Sie hat Philosophie im Hauptfach studiert. Als Studentin interessierte sie sich sehr für Themen wie Diskriminierung und soziale Gerechtigkeit, und sie nahm auch an Anti-Atomkraft-Protesten teil.»

Anschließend stellten Tversky und Kahneman ihren Probanden dazu zahlreiche Fragen. Unter anderem wollten sie wissen, welche der beiden weiteren Beschreibungen der jungen Frau mit höherer Wahrscheinlichkeit richtig sei:

- Linda ist Bankkassiererin.
- Linda ist Bankkassiererin und in der feministischen Bewegung aktiv.

Was, glauben Sie, trifft eher auf die sozial engagierte Frau zu, die sich für Philosophie interessiert und gegen Kernkraft protestiert? Die meisten Befragten glaubten, dass Linda eine feministische Bankangestellte sei. Ihre Beschreibung passt sehr gut zum Stereotyp einer Frau, die sich für die Gleichstellung der Geschlechter engagiert. Und sie passt eigentlich sehr schlecht zum Klischee einer Bankangestellten. Weshalb die meisten Probanden Linda für eine feministische Finanzfrau hielten – das ergibt eher eine kohärente Geschichte.

Unter logischen Gesichtspunkten hätten sie allerdings sagen

müssen, dass die Aussage «Linda ist eine Bankkassiererin» wahrscheinlicher sei. Denn diese Gruppe besteht notwendigerweise aus sehr viel mehr Menschen, und sie beinhaltet außerdem auch alle feministischen Bankangestellten. Doch diese Variante ist einfach eine miese Geschichte. Die gängigen Vorstellungen von den Frauen hinter dem Schalter passen einfach nicht zum Stereotyp einer politisch engagierten Philosophiestudentin.

«Die kohärentesten Geschichten sind nicht unbedingt die wahrscheinlichsten, aber sie sind plausibel, und die Konzepte der Kohärenz, Plausibilität und Wahrscheinlichkeit werden von den Unbesonnenen leicht durcheinandergebracht», schreibt Daniel Kahneman. Das als Linda-Problem berühmt gewordene Experiment verdeutlicht die Überzeugungskraft guter Schilderungen – und wie diese das logische Denken aushebeln.

Aber Achtung, vermeiden Sie den Reflex, Ihre Aussagen einfach nur mit Details auszuschmücken. Die Aussagen müssen zu den aktivierten Vorstellungen passen – wie bei Linda, die als Stereotyp einer linken Studentin vorgestellt wurde, was gut zur Vorstellung einer Feministin passte. Wie eine Geschichte hingegen nicht erzählt werden sollte, demonstriert abermals Daniel Kahneman. Wieder fragte er danach, welche von zwei Varianten wahrscheinlicher sei. Diesmal betrafen die Aussagen eine Frau namens Jane. Zur Auswahl standen:

- Jane ist Lehrerin.
- Jane ist Lehrerin und geht zu Fuß zur Arbeit.

Beide Aussagen sind so aufgebaut wie die im Fall Lindas. Aber sie führten die Probanden nicht in die Irre. Dass Jane zu Fuß zur Arbeit gehen könnte, war nur ein Detail, das sich nicht in eine bereits aktivierte Vorstellung der Frau einfügte. Es machte die Geschichte nicht plausibler – und deshalb fielen die Probanden nicht darauf rein. In diesem Fall setzte sich die Logik durch, weil keine konkurrierenden intuitiven Einschätzungen vorhanden waren. Wenn wir uns eine Lehrerin ausmalen, dann denken wir an Kinder, an Ferien, an Klassenfahrten, an Hausaufgaben und andere Dinge, die mit Schule verknüpft sind. Ob jemand zu Fuß, mit der Bahn oder dem Auto zur Arbeit fährt, hat mit dem Lehrerberuf nichts zu tun und ist deshalb lediglich ein überflüssiges Detail. Hieße es hingegen: «Jane ist Lehrerin und setzt sich für sozial schwache Kinder ein», würde das besser in die aktivierten Vorstellungen von einer Lehrerin passen. So ließe sich die Plausibilität einer Geschichte erhöhen.

FAZIT:

Bedenken Sie beim Erzählen einer Geschichte, welche Vorstellungen Sie aktivieren. Details müssen zu den geweckten Erwartungen passen, das erhöht die Glaubwürdigkeit.

Halo-Effekt

Alles ist gut

Menschen sind für jede Ausrede dankbar. Wenn sie zum Beispiel Schokolade essen, plagt viele ein schlechtes Gewissen. Aber stammt die Süßigkeit aus einem Betrieb, der gute Löhne zahlt oder Bauern in armen Ländern unterstützt, ist das eine prima Rechtfertigung für ungestörte Völlerei. Das berichteten zum Beispiel Psychologen um Jonathon Schuldt von der California State University in Northridge. Die Forscher stellten fest, dass Verbraucher Produkten aus fairem Handel eine ganze Reihe von ungerechtfertigten positiven Eigenschaften zusprachen. Schokolade mit einem entsprechenden Zertifikat hielten sie für gesünder sowie weniger kalorienreich und glaubten deshalb, sie unbedenklich in größeren Mengen verzehren zu können als gewöhnliche Produkte.

Wenn eine positive Eigenschaft den Blick auf ein Produkt oder einen Menschen verzerrt, sprechen Psychologen vom sogenannten Halo-Effekt. Meist ist diese Eigenschaft offensichtlich oder sehr leicht herauszufinden. Erstmals beschrieben wurde der Halo-Effekt in einer Studie aus dem Jahr 1920 von dem Psychologen Edward Lee Thorndike. In dem Begriff ist die Erklärung für den Effekt bereits enthalten: Er leitet sich von dem englischen Wort für Heiligenschein her und besagt, dass eine Eigenschaft eines Menschen oder einer Sache sämtliche anderen, weniger offensichtlichen Eigenschaften überstrahlt.

Immer wieder haben Experimente diesen Mechanismus nachgewiesen – bewusst ist er den Menschen dennoch nicht. Auch der große Sozialpsychologe Solomon Asch zeigte 1946, wie eine positive Charaktereigenschaft eines Menschen andere dazu verleitete, ihn mit weiteren wünschenswerten Eigenschaften in Verbindung zu bringen. Wer als warmherzig beschrieben wurde, der galt automatisch auch als großzügiger, netter und verträglicher Typ. Am besten belegt ist der Halo-Effekt für Attraktivität: Schöne Menschen gelten als schlauer, freundlicher und ehrlicher. Aus diesem Grund machen attraktive Männer und Frauen auch leichter berufliche Karriere als weniger attraktive. Die Bevorzugung beginnt schon früh im Leben. In der Schule benoten Lehrer hübsche Schüler und Schülerinnen im Durchschnitt besser als andere – ohne böse Absicht, in der Regel ist ihnen dieser Umstand nicht einmal bewusst.

Im Alltag lassen sich unzählige Beispiele dafür finden, wie von einer offensichtlichen Eigenschaft auf die Gesamtheit geschlossen wird. Der Halo-Effekt lässt uns außerdem häufig falsche Schlussfolgerungen ziehen und an verkehrte Kausalitäten glauben. Zum Beispiel glauben wir gerne, dass eine Fußballmannschaft so schlecht spielt, weil der Trainer eine Pfeife ist. Dabei könnte der Zusammenhang genauso gut umgekehrt sein: Vielleicht halten wir einen fähigen Trainer für eine Pfeife, weil seine Mannschaft so schlecht spielt – was schließlich andere Gründe haben kann.

Ein Doktortitel verleiht Glaubwürdigkeit, ein Professorentitel potenziert diese, und wenn ein Wissenschaftler einen Nobelpreis gewinnen sollte, dann ist er in der Wahrnehmung der Menschen endgültig zu einem Experten für alle Bereiche der aktuellen Weltsituation geworden. Dass ein Nobelpreisträger etwa der Physik oder Chemie mit hoher Wahrscheinlichkeit ein ziemlich schlauer Mensch ist, darf man zu Recht annehmen. Aber wer sich derart intensiv mit Halbleiterheterostrukturen für Hochgeschwindigkeits- und Optoelektronik oder mit G-Protein gekoppelten Rezeptoren beschäftigt, verfügt kaum über die nötige Zeit, um sich genauso gründlich mit – sagen wir – den politischen Verwerfungen in Afghanistan zu beschäftigen. Dennoch wird er dank des Halo-Effekts auch zu Themen außerhalb seiner Spezialisierung als Autorität befragt.

Vitamine sind wirkungslos gegen Krebs oder Aids. Dennoch propagieren ihre zahlreichen Anhänger diese irrige Therapieform noch immer – und sie berufen sich dabei gerne auf den zweifachen Nobelpreisträger Linus Pauling. Der Amerikaner wurde 1954 mit dem Preis für Chemie ausgezeichnet, 1963 mit dem Friedensnobelpreis für sein Engagement gegen Atomwaffentests. Eine doppelte Ehrung für eine Person ist sehr außergewöhnlich, aber auch sehr außergewöhnliche Menschen können auf blöde Ideen kommen. Bei Linus Pauling war es diejenige, dass Vitamin C in hohen Dosen Krebs heilen könne. Der besonders helle Heiligenschein des zweifachen Nobelpreisträgers überstrahlte für viele Menschen selbst die Tatsache, dass diese Auffassung zweifelsfrei widerlegt ist. Ein Schüler Paulings ist übrigens der deutsche Arzt Matthias Rath, dessen Vitaminbehandlungen unter anderem sehr vielen HIV-Infizierten in Südafrika vorzeitig das Leben gekostet haben.

Einen vergleichbaren Effekt haben Forscher auch immer wieder bei der Bewertung von Nahrungsmitteln festgestellt – und ihn Health-Halo-Effekt getauft. Etwa wenn ein Hersteller auf einer Süßigkeitenpackung damit wirbt, das Produkt sei fettreduziert: In einer Studie glaubten die Probanden, das Naschzeug enthalte kaum Kalorien, und genehmigten sich daher sehr großzügige Portionen, die viel Zucker und deshalb eben doch sehr viele Kalorien enthielten.

Bei der zähen Diskussion um den gesundheitlichen Wert von Bio-Lebensmitteln spielt der Effekt ebenfalls eine Rolle. Im

Herbst 2012 ergab eine Meta-Analyse von Wissenschaftlern um Dena Bravata von der Universität Stanford, dass kaum etwas dafür spreche, dass Öko-Produkte gesünder seien als Lebensmittel aus konventioneller Herstellung. Die Forscher hatten Hunderte Studien aus den vergangenen Jahrzehnten ausgewertet, die die Inhaltsstoffe von Lebensmitteln aus den verschiedenen Anbau- und Herstellungsarten analysierten und bewerteten. Dabei kamen sie zu dem Schluss, dass kaum nennenswerte Unterschiede bestehen.

Bravata und Kollegen hatten eine engbegrenzte Fragestellung behandelt, die gerechtfertigt ist. Schließlich halten viele Menschen Bio-Lebensmittel für gesünder als konventionelle und geben dies auch als einen wichtigen Grund für ihre Kaufentscheidung an. Dabei spielt der Halo-Effekt eine wichtige Rolle. Bio-Landwirtschaft gilt als natürlicher und umweltschonend; sie behandelt Tiere angeblich besser, und das Image der Bauern selbst ist positiv. Viele dieser Punkte mögen durchaus begründet sein. Entscheidend ist: Sie überstrahlen sämtliche Bewertungen von Bio-Lebensmitteln. Weil Öko-Ware so viele positive Eigenschaften hat, muss sie auch gesünder sein, lautet die Schlussfolgerung.

Wer Studien oder Berichte darüber verfasst, die diese Meinung nicht stützen, provoziert oft wütende Proteste und sogar Beschimpfungen: Die Kritik an einem Aspekt einer Sache, die als gut gilt, wird meist als Generalangriff auf das gesamte Konzept wahrgenommen. Finger weg von unserem Heiligenschein!, könnte das Kampfgeschrei lauten. «Der Halo-Effekt trägt dazu bei, Erklärungen einfach und kohärent zu halten, indem er uns die Konsistenz von Beurteilungen überschätzen lässt: Gute Menschen tun nur Gutes, und schlechte Menschen sind von Grund auf schlecht», schreibt Daniel Kahneman in «Schnelles Denken, langsames Denken». Wird diese Konsistenz verletzt, reagieren wir verärgert.

Das Wissen um den Halo-Effekt hilft bei der Bewertung von

Aussagen. Wir sollten uns stets fragen: Ist eine Information selbst glaubwürdig – oder verleiht ihr ein anderer Umstand Gewicht, der aber gar nichts mit dem Inhalt zu tun hat? Falls eine strahlende Eigenschaft existiert, versuchen Sie, diese auszublenden. In diesem Fall können wir sogar von einer Casting-Show lernen. Die Sendung *The Voice of Germany* lässt die Kandidaten in den ersten Runden singen, ohne dass die Juroren die Musiker sehen können. So vernebelt das Aussehen der Sänger nicht die Beurteilung ihrer musikalischen Darbietung.

FAZIT:

Um Starrköpfe zu überzeugen, lässt sich der Halo-Effekt nutzen. Ziel muss sein, negative Eindrücke zu vermeiden und positive zu verstärken. Dazu kann ein übersichtliches Schriftbild beitragen, eine graphisch ordentlich aufbereitete Präsentation oder freundlich beziehungsweise wenigstens höflich vorgetragene Argumente. Unternehmen Sie alles, um einen Heiligenschein zu erzeugen, der auch in die weniger hell ausgeleuchteten Ecken Ihrer Argumentationen scheint.

Etwas ist schlecht, deshalb ist alles schlecht

Zu Beginn dieser Studie saß ein Wissenschaftler in einem Flieger, der nicht startete. Die Fluggesellschaft erklärte, es gebe technische Probleme, und nach zwei Stunden Wartezeit wurden die Passagiere gebeten, in ein anderes Flugzeug umzusteigen. Als Entschädigung bekamen sie einen Reisegutschein über 35 US-Dollar sowie eine Telefonkarte mit einem Guthaben von 25 Cent. Letzteres hätte sich das Unternehmen unbedingt sparen sollen, argumentieren die Psychologen um Kimberlee Weaver von der Virginia Tech. Denn der Mensch ist ein undankbares und fehlbares Wesen: Bekommt er zwei Geschenke, ein großes und ein kleines, entwertet die zusätzliche Kleinigkeit das Gesamtpaket. Die Flugpassagiere – unter ihnen einer der Forscher – wären also glücklicher gewesen, wenn sie nur den 35-Dollar-Gutschein bekommen hätten.

Dieses Verhalten widerspricht der Vernunft. Natürlich sei eine Telefonkarte mit minimalem Guthaben kaum der Rede wert, schreiben die Psychologen, trotzdem steigere die zusätzliche Aufmerksamkeit den objektiven Wert des gesamten Geschenks. Doch um ein Paket aus mehreren Gegenständen zu bewerten, bildeten Menschen intuitiv eine Art Durchschnittswert, und auf diese Weise vermindere sich durch eine zusätzliche Kleinigkeit die Begeisterung. Weaver und ihre Kollegen bestätigten dieses sogenannte Geschenk-Paradox in mehreren Einzelexperimenten. Und der Mechanismus wirkte auch im negativen Sinne: Testteilnehmer empfanden eine Geldstrafe als weniger schlimm, wenn sie zusätzlich zwei Sozialstunden leisten mussten. Die geringe Zusatzstrafe hatte das negative Gesamtpaket entschärft – die reine Geldstrafe fühlte sich für die Probanden schlimmer an.

Ähnliche Ergebnisse erzielte auch Christopher Hsee von der Universität Chicago. Er ermittelte, wie viel seine Probanden für gebrauchte Geschirrservices bezahlen würden. Ein Angebot bestand aus 24 Teilen, und zwar je acht große Teller, Suppen- und Dessertteller. Alle befanden sich in tadellosem Zustand. Das andere Angebot umfasste 40 Teile. Zusätzlich zu den Tellern aus dem ersten Angebot enthielt es je acht Tassen und Untertassen. Allerdings waren zwei Tassen und sieben Untertassen beschädigt. Trotzdem musste das zweite Angebot mehr wert sein, schließlich umfasste es sieben zusätzliche unbeschädigte Teile – und vielleicht war auch das kaputte Porzellan noch zu irgendetwas nutze.

Doch das Gegenteil war der Fall! Für das 24-teilige Service hätten Hsees Probanden 33 US-Dollar bezahlt, für das umfangreichere Angebot hingegen nur 23 US-Dollar. Der Ökonom John List machte die gleiche Beobachtung bei Versteigerungen von Baseball-Sammelkarten. Für ein Paket von zehn seltenen, also begehrten Karten allein bekam er mehr, als wenn er noch drei weniger wertvolle hinzufügte. Etwas wegzunehmen, erhöhte also den Wert eines Angebotes.

Der Effekt ließe sich allerdings auch als umgedrehter Halo-Effekt interpretieren: Kaum relevante negative Details überstrahlen das Ganze. Der Psychologe und Ekelforscher Paul Rozin hat das an anderer Stelle schön und plakativ gezeigt: Eine einzige Küchenschabe in einer Schüssel Kirschen ruinierte alles. Das eklige Krabbelvieh zerstörte jegliche Lust seiner Probanden, von den Kirschen zu kosten. Ein fauler Apfel versaut eben die ganze Kiste. Umgekehrt funktionierte das Experiment übrigens nicht: Eine Kirsche zwischen einer Horde Schaben reduzierte den Grad des empfundenen Abscheus nicht im Geringsten.

Es spricht vieles dafür, dass dieser Effekt auch für Diskussionen gilt. Drei starke Argumente entfalten höchstwahrscheinlich größere Überzeugungskraft als drei starke plus zwei wackelige Argumente. Um zum Beispiel die Glaubwürdigkeit eines Zeugen zu diskreditieren, stürzen sich Anwälte gerne auf den schwächsten Teil von dessen Aussage. Und auch in politischen Debatten hauen sich Kontrahenten in der Regel gegenseitig ihre schwächsten Punkte um die Ohren. Warum sollte das auch anders sein? Zum einen ist es am einfachsten, die Schwachstellen des Gegners anzugreifen, und zum anderen verspricht das am meisten Erfolg: Glückt die Attacke, ruiniert das – nach den Regeln des Halo-Effekts – wahrscheinlich auch die Glaubwürdigkeit der anderen, weniger leicht angreifbaren Punkte des Kontrahenten.

Für die Wissenschaft steckt darin ein Standortnachteil, der nur schwer zu überwinden ist: Im Gegensatz zu Pseudowissenschaften und Mythen geht sie offen mit Unsicherheit und Unwissen um. Sie operiert nur selten mit absoluten Aussagen, sondern weist auch auf eigene Lücken hin. Starrköpfe setzen dem scheinbar letztgültige Wahrheiten entgegen und nutzen diese Lücken, um die Wissenschaft zu desavouieren. Seth Kalichman schildert in seinem Buch «Denying Aids» zum Beispiel eine Auseinandersetzung mit dem Virologen und Aids-Leugner Peter Duesberg. Dieser äußerte, das bisherige Scheitern der Forschung, einen Impfstoff gegen HIV zu entwickeln, sei ihm Beweis genug, dass Aids nicht von einem Virus ausgelöst werden könne. Dass dies tatsächlich unter anderem an der Komplexität der Krankheit und an der Wandelbarkeit des Erregers liegt, interessierte Duesberg nicht; ebenso wenig der Umstand, dass es auch gegen andere Infektionskrankheiten trotz jahrzehntelanger Forschung keine Impfstoffe gibt.

Angriffe von Starrköpfen konzentrieren sich gerne auf gänzlich irrelevante Details. Ein weiteres Beispiel aus der Szene der Aids-Leugner betrifft eine misslungene Pressekonferenz, die am 23. April 1984 abgehalten wurde. Damals verkündeten der Virologe Robert Gallo und die damalige US-Gesundheitsministerin Margaret Heckler der Welt, dass das HI-Virus entdeckt und als Auslöser von Aids identifiziert worden sei. In den frühen 1980er Jahren hielt die mysteriöse Seuche, an der insbesondere junge Männer starben, die Welt in Atem. Robert Gallo befand sich mit französischen Wissenschaftlern um Luc Montagnier und Françoise Barré-Sinoussi in einem inoffiziellen Wettstreit darum, wer den Erreger der Seuche als Erster identifizieren könne. Schließlich wurde die Entdeckung den Franzosen zugeschrieben, die dafür im Jahr 2008 mit dem Nobelpreis für Medizin geehrt wurden.

Unter diesen Bedingungen verletzten die Beteiligten um Robert Gallo das übliche Procedere im Wissenschaftsbetrieb.

Normalerweise werden Studien bei sogenannten Peer-Review-Journalen eingereicht. Deren Redaktion lässt sie von Experten aus dem fraglichen Fachgebiet begutachten. Erst nach Abschluss dieser Prüfung und erst, wenn die Qualität und Aussagekraft der Studie für ausreichend befunden wurde, wird sie in einem Fachjournal publiziert. Insbesondere wichtige neue Erkenntnisse und Befunde werden der breiten Öffentlichkeit in der Regel erst dann präsentiert, wenn der Gutachterprozess abgeschlossen und die Studie publiziert ist.

Robert Gallos Arbeit wurde in *Science* veröffentlicht, dem zusammen mit *Nature* prestigeträchtigsten naturwissenschaftlichen Fachjournal. Sie durchlief also den Gutachterprozess – was insbesondere bedeutet, dass sich ab diesem Moment unzählige Wissenschaftler auf die Studie stürzten, alle von dem Wunsch getrieben, ihrem Kollegen einen Fehler nachzuweisen. All die Kontrollmechanismen sowie unzählige weitere Arbeiten haben keine Zweifel an der Existenz des HI-Virus aufkommen lassen.

Die Aids-Leugner um Peter Duesberg und andere konzentrieren ihre Attacken auf ein anderes Detail: Zum Zeitpunkt der Pressekonferenz war Robert Gallos Studie noch nicht publiziert. Das ist unüblich. Und es ist zu Recht einer der ersten Reflexe von Wissenschaftlern und auch Wissenschaftsjournalisten, bei angeblich neuen Ergebnissen und spektakulären Erkenntnissen stets zuerst zu fragen, ob und, wenn ja, wo diese publiziert worden sind. Es war wohl ein Fehler, den Robert Gallo und Margaret Heckler im Frühjahr 1984 begingen. Die vielfach bewiesene Existenz des HI-Virus stellt der Fehler von 1984 nicht in Frage. Doch die Szene der Aids-Leugner verkauft ihn als Beweis, dass es sich von Anfang an um eine Verschwörung handelte.

Das ist ebenso absurd wie tragisch, und bei der überwiegenden Mehrheit der Öffentlichkeit verfing dieses Argument nicht. Es illustriert jedoch auf extreme Weise, wie wir alle in Auseinandersetzungen agieren und wie wir Glaubwürdigkeit bewerten: Nach dem Prinzip, dass eine Kakerlake alle Argumente versaut.

In Diskussionen in Online-Foren oder auch in der Auseinandersetzung mit den Lesern eines Zeitungsartikels geht es häufig um Rechtschreibung, Grammatik und Zeichensetzung. Auch Zeitungsredakteuren unterlaufen Fehler, die schließlich gedruckt oder im Internet veröffentlicht werden. In schnellen schriftlichen Auseinandersetzungen im Netz passieren erst recht Fehler. Und so wird einem jedes fehlende Komma und jeder fehlende Buchstabe aufs Butterbrot geschmiert. Immer nach dem Motto: Wenn der Autor schon die Rechtschreibung und die deutsche Grammatik nicht beherrscht, dann können seine ungeheuerlichen Aussagen ja auch nichts wert sein. Wenn eine Tasse gesprungen ist und ein Teller eine Macke hat, ist das ganze Service weniger wert. Und ja, es trübt die Glaubwürdigkeit eines Textes, wenn der Autor das / dass nicht unterscheiden kann, es ist fast unmöglich, sich dagegen zu wehren.

Die offensichtliche Empfehlung für den Umgang mit Starrköpfen lautet: Vermeiden Sie Fehler, wo es geht. Verzichten Sie außerdem auf schwache Argumente und konzentrieren Sie sich auf die starken. Und wenn es sich nicht vermeiden lässt, sollten Sie über den Rat von Robert Cialdini, Noah Goldstein und Steve Martin nachdenken. Sie empfehlen, Schwächen offensiv zu verkaufen – und sie anzusprechen, bevor es die Kontrahenten machen. Die drei Psychologen verweisen dazu auf die erfolgreiche Werbekampagne, die den Siegeszug der VW Käfer in den USA mit ermöglichte.

Um 1960 herum dominierten riesige Straßenkreuzer mit Heckflossen Geschmack und Straßenbild Amerikas. Wie sollte die kleine Schüssel aus Europa dagegen ankommen? Die Werbeagentur Doyle, Dane & Bernbach setzte auf Slogans wie «Besser hässlich als ohne innere Werte» oder «Der bleibt länger hässlich als alle anderen». Das garantierte Aufmerksamkeit – und Sympathie, denn die Aussagen wurden als ehrlich wahrgenommen. Schützenhilfe erhalten Cialdini und seine Kollegen vom Verhaltensforscher Kip Williams. Er hat festgestellt, dass Anwälte glaubwürdiger erscheinen, wenn sie auf Schwächen in ihrer Argumentation hinweisen, bevor die Gegenseite dazu eine Gelegenheit bekommt. Wenn Sie das nicht überzeugt, lassen Sie die Schwächen weg und konzentrieren sich auf die starken Punkte.

FAZIT:

Kleine Fehler verhageln die ganze Argumentation. Verzichten Sie auf Argumente, von denen Sie wissen, dass sie leicht angreifbar sind. Lieber zwei starke Punkte als zwei starke plus zwei wackelige. Und wenn es nicht anders geht: Verkaufen Sie Schwächen offensiv.

Der Irrational Primacy Effect

Der erste Eindruck

Die Alten haben es oft schon gewusst. In diesem Falle fungiert Francis Bacon (1561 bis 1626) als Zeuge aus der Vergangenheit. Der englische Philosoph, Staatsmann und Wissenschaftler nahm in seinen Schriften etwas vorweg, das heute in der Psychologie als der *irrational primacy effect* bekannt ist. Das lässt sich etwas unbeholfen als der irrationale Vorrang-Effekt übersetzen. Was dahintersteckt, beschrieb Bacon folgendermaßen: «Unser erster Eindruck färbt alles, was danach kommt, und bringt alle weiteren Schlüsse auf Linie.»

Das bedeutet: Es kommt sehr auf die Reihenfolge an, in der Informationen präsentiert werden. Das klassische Experiment zum *irrational primacy effect* stammt von Solomon Asch. Er legte seinen Probanden Listen mit Eigenschaften vor, die einen Menschen namens John beschrieben. Anschließend bat er die Teilnehmer, den Charakter dieser Person zu bewerten. Beide Listen enthielten die gleichen Attribute, nur die Reihenfolge war vertauscht:

- John ist intelligent, fleißig, impulsiv, kritisch, stur und neidisch.
- John ist neidisch, stur, kritisch, impulsiv, fleißig und intelligent.

In der Bewertung ergaben sich zwei verschiedene Johns. Hatte die Beschreibung mit der Eigenschaft «intelligent» begonnen, bewerteten die Probanden diesen John positiv. Waren sie mit «neidisch» eingestiegen, fanden sie ihn unsympathisch.

Die erste Information gibt die Stimmung des weiteren Liedes vor. Wird als Erstes erklärt, ein Mensch sei schlau, werden die weiteren Attribute in das Bild eines schlauen Menschen eingeordnet beziehungsweise dient als Arbeitshypothese das Bild eines intelligenten Typen, der eben noch weitere Eigenschaften hat. Und wer intelligent und fleißig ist, der weiß ja sicher auch eine Menge, deswegen sehen wir ihm eher nach, wenn er mal impulsiv, kritisch oder stur reagiert. Das steht dem intelligenten Kerl doch irgendwie zu. Dass er außerdem neidisch ist? Nun ja, niemand ist perfekt, nicht wahr? Beginnt die Beschreibung mit dem Wörtchen «neidisch», ordnet sich alles durch diese Brille: Jetzt ist er schon neidisch, da passt es ja ins Bild, dass er auch noch ein sturer Bock ist, der an allem rummäkeln muss und sich nicht unter Kontrolle hat. Dass er fleißig und intelligent ist? Klar, so ein neidischer Typ ist sicher auch wahnsinnig ehrgeizig. John ist bestimmt einer dieser Psychopathen in der Chefetage – erfolgreich und ein furchtbarer Mensch.

Die Macht des ersten Moments offenbart sich in vielen Bereichen. In Rate-Experimenten erscheinen Teilnehmer als kompetenter, wenn sie gleich zu Beginn einen Treffer landen – auch wenn allen klar ist, dass in jeder Rate-Runde bei zwei Möglichkeiten eine 50:50-Chance besteht und nichts als Zufall über Gewinn oder Niederlage entscheidet. Bei Wahlen profitieren Kandidaten, die an erster Stelle der Liste auf dem Wahlzettel stehen. Und wie sehr die Position von Argumenten beeinflusst, welche Schlüsse wir ziehen, zeigten Norman Miller und Donald Campbell in einer weiteren klassischen Studie. Die Wissenschaftler legten Probanden eine Zusammenfassung der Plädoyers aus einem echten Gerichtsprozess vor. Eine Hälfte der Versuchsteilnehmer las zuerst die Ausführungen der Anklage, die andere zuerst diejenigen der Verteidigung. Nach einer Woche Bedenkzeit baten Miller und Campbell beide Gruppen um ihr Urteil: Jede folgte der Argumentation der Seite, die sie zuerst gelesen hatte.

Studien, Studien, lauter Studien, deren Ergebnisse eindeutig sind. Trotzdem ist es oft schwer, diese Befunde auf sich selbst zu beziehen. Sicher würde man John in beiden Fällen gleich bewerten oder die Argumente von Anklage und Verteidigung abwägen und zu einem fairen Ergebnis gelangen, nicht wahr? Nein, leider nicht. Wie stark die Wirkung des ersten Eindrucks ist, zeigt nämlich das Ergebnis des folgenden Experiments, das 1964 in *Science* erschienen ist. Es verdeutlicht auf beeindruckende Weise, wie sehr der erste Eindruck die weitere Wahrnehmung beeinträchtigt.

Die Wissenschaftler präsentierten Fotos mit Allerweltsmotiven: ein Hund, ein Vogel, ein paar Ziegelsteine oder ähnliche Dinge. Zunächst wurde jedes Bild verschwommen und unscharf gezeigt, sodass das abgebildete Objekt kaum oder nur sehr schwer zu erkennen war. Die Teilnehmer mussten nun eine Vermutung äußern, um was es sich bei dem abgebildeten Gegenstand handelte. Dann wurden ihnen sukzessive Versionen des Fotos gezeigt, die immer besser erkennbar waren. Jedes Mal durften die Probanden erneut raten oder bei ihren Aussagen bleiben. Das Spiel ging so lange, bis die Bilder scharf und klar waren. Nun, der erste Eindruck verleitete die Probanden dazu, sehr lange an Fehlern festzuhalten. Wer sich zu Beginn geirrt hatte und etwa einen Hund sah, wo keiner war, der ließ sehr ungern davon ab. Er blieb sogar noch bei seinem Irrtum, als die dargestellten Objekte für alle völlig offensichtlich waren, die das Bild in diesem Stadium zum ersten Mal sahen. Der Eindruck, den er ganz zu Beginn der Bilderserie gewonnen hatte, trübte seine Wahrnehmung nachhaltig – und er suchte in jedem Bild nach Bestätigung für seine ursprüngliche Einschätzung.

Oft wirkt der erste Eindruck, den wir in der Auseinandersetzung mit Starrköpfen geben, subtiler und weniger offensichtlich. Psychologen um Amani El-Ayali haben das anhand von leider sehr gebräuchlichen Redewendungen demonstriert. In Diskussionen leiten wir unsere Aussagen oft mit einschränkenden Einleitungen ein. Zum Beispiel:

- Ich will ja nicht arrogant klingen, aber ...
- Das soll echt nicht egoistisch sein, aber ...
- Das ist jetzt wirklich keine Kritik an dir, aber ...
- Das darfst du jetzt nicht persönlich nehmen, aber ...

Solche Anmoderationen sind in Zukunft tabu. Denn sie bewirken das genaue Gegenteil dessen, was damit eigentlich bezweckt wird: Zuhörer interpretieren die folgenden Aussagen nun im Lichte dessen, was eigentlich abgemildert werden soll, wie die Psychologen um El-Ayali gezeigt haben. Wer echt nicht arrogant klingen will, wirkt mit diesem Satzanfang leider besonders überheblich. Wird beteuert, dass eine Aussage nicht als Kritik verstanden werden darf oder nicht persönlich genommen werden sollte, passiert genau das: Die Zuhörer suchen automatisch nach bestätigenden Belegen. Die Beteuerung, nicht arrogant zu sein, lenkte die Aufmerksamkeit auf Hinweise, die für Überheblichkeit sprechen könnten.

Dank des *irrational primacy effects* geht der Schuss nach hinten los. Auf einleitende Sätze wie die folgenden verzichten wir deshalb künftig in der Auseinandersetzung mit Partner, Chefs und anderen Starrköpfen:

- Ich will Sie nicht stören, aber ...
- Du darfst jetzt bitte nicht sauer werden ...
- Ich weiß, dass ich gerade ungelegen komme ...

- Ich weiß, dass es der Firma gerade nicht so gutgeht, aber ...
- Klar, in der Schulmedizin liegt vieles im Argen, aber ...
- Bestimmt hast du keine Lust, aber ...
- Mein Vorschlag ist nicht besonders gut, aber ...
- Es ist mir sehr schwergefallen, das Thema zu bearbeiten, aber ...

Die eröffnenden Aussagen geben den Tenor vor wie eine Überschrift über einem Artikel. Dieser Effekt beschränkt sich jedoch nicht nur auf Informationen. Der erste Eindruck entsteht auch durch andere, mutmaßlich nebensächliche Faktoren: Wer einen Text oder eine Rede zum Beispiel mit einem verletzenden Witz beginnt, bringt sich damit um die Chance, dass seine Argumente ungetrübt gehört werden.

FAZIT:

Präsentieren Sie wichtige Informationen ganz zu Beginn Ihrer Ausführungen. Sie wirken wie eine Färbung und beeinflussen, in welchem Lichte weitere Aussagen bewertet werden.

Die richtigen Fragen stellen

Wie eine Frage gestellt ist, beeinflusst die Gedanken, die sich der Gefragte macht. So ergeben die beiden Fragen «Sind Sie mit Ihrem sozialen Leben zufrieden?» und «Wie unzufrieden sind Sie mit Ihrem sozialen Leben?» unterschiedliche Antworten. An sich bedeuten beide Fragen genau dasselbe, sie sind nur positiv oder negativ formuliert. Da wir jedoch bei Varianten der Fragen jeweils auf die Suche nach den passenden bestätigenden Informationen gehen, fallen uns unterschiedliche Situationen ein. Im ersten Fall durchforstet der Gefragte seinen Geist nach Hinweisen dafür, dass er mit seinem sozialen Leben zufrieden ist. Er vergegenwärtigt sich Situationen, in denen er sich in seiner Familie geborgen gefühlt hat, Spaß mit Freunden hatte und so weiter. Die negativ formulierte Frage («Wie unzufrieden sind Sie?») setzt eine Suche nach gegenteiligen Informationen in Gang. Jetzt tauchen vielleicht Gedanken daran auf, wie ein Streit mit dem Partner eskaliert ist, wie man sich einmal einsam und ungeliebt gefühlt hat, dass man seinen Job eigentlich nicht mag und dergleichen mehr.

So ergeben zwei Fragen, die das exakt Gleiche mit unterschiedlichem Vorzeichen besagen, mutmaßlich unterschiedliche Antworten – nur weil wir automatisch nach Belegen suchen, die eine Hypothese stützen. Natürlich wird ein zufriedener Mensch mit einem großen Freundeskreis auf die negativ formulierte Frage nun nicht sagen, er sei völlig unzufrieden. Doch würde man dem Grad der Zufriedenheit jeweils einen Wert zumessen, dann würden sich mit hoher Wahrscheinlichkeit Unterschiede gegenüber der Antwort auf die positiv formulierte Frage ergeben. Diese Ergebnisse der Psychologen Ziva Kunda und Geoffrey Fong geben uns also eine Technik an die Hand: Formulieren Sie Fragen so, dass die Antwortenden auf die von Ihnen gewünschte Weise nach bestätigenden Aussagen suchen.

Stellen Sie sich zum Beispiel folgende Situation vor: Ein Samstagabend, ein Ehepaar, ein Problem. Mann und Frau sind jeweils unabhängig voneinander mit Freunden verabredet. Beide freuen sich sehr auf den Abend, der schon lange feststeht. Doch dann sagt der Babysitter ab: Eigentlich wollten die Großeltern kommen und sogar über Nacht bleiben. Doch beide haben sich mit dem Noro-Virus infiziert – über die Folgen dieses Durchfallkeims schweigen wir an dieser Stelle. Nur so viel: Bei einer Noro-Infektion besteht überhaupt kein Zweifel daran, dass die Großeltern als Babysitter komplett ausfallen. Die Partner sind enttäuscht, so kurzfristig lässt sich niemand auftreiben, der auf die Kinder aufpasst. Einer muss zu Hause bleiben und sein Treffen absagen. Die Frau war kürzlich erst alleine bei einem Abendessen, zu dem eigentlich beide eingeladen waren. Es wäre also gerecht, wenn der Mann an diesem Abend ausgehen dürfte (klar, das ist alles grob vereinfacht).

Weil die Gattin aber eine geschickte Strategin ist, fragt sie ihren Mann: «Was spricht denn *dafür*, dass ich heute ausgehe?» Vielleicht fällt ihrem Mann daraufhin ein, dass eine ihrer Freundinnen an diesem Abend dabei sein wird, die sie seit vielen Jahren nicht gesehen hat; oder dass einer der Gäste gerade wegen einer Trennung mies drauf ist und auf moralisch-seelische Unterstützung gebaut hat; oder irgendein anderer Grund – die Fahrt nicht so weit, das Lokal nicht so teuer, irgendetwas. Hätte seine Frau gefragt: «Was spricht denn *dagegen*, dass ich heute ausgehe», wären ihm ganz andere Ideen gekommen: Sie war erst neulich weg, die meisten Freunde trifft sie sowieso sehr oft und so weiter.

Echte Diskussionen enden natürlich oft im Kuddelmuddel und verlaufen nicht so korrekt wie in dieser fiktiven Situation. Doch diese Art, Fragen zu stellen, hat Auswirkungen. Das verdeutlicht eine Studie, aus der sich unterschiedliche Denkprozesse herauslesen lassen, die dadurch ausgelöst werden. In diesem Fall ging es um einen fiktiven Sorgerechtsstreit zwischen zwei Eltern. Die Probanden mussten entscheiden, bei wem das gemeinsame Kind aufwachsen würde. Dazu wurden ihnen verschiedene Informationen über Vater und Mutter vorgelegt, die als Elternteil A und Elternteil B bezeichnet wurden. Person A wurde als einigermaßen geeignet beschrieben, sich um das Kind zu kümmern. Ein eher durchschnittlicher Mensch. Über Person B hieß es, sie pflege eine sehr enge Beziehung zum Kind, verbringe aber beruflich leider oft sehr viel Zeit auf Reisen. Eine Mischung aus sehr positiven und negativen Merkmalen also.

Fragten die Forscher ihre Probanden nun: «Wer soll das Sorgerecht für das Kind erhalten?», suchten diese nach positiven Merkmalen, die für eine Entscheidung für A oder B sprechen konnten. Sie entschieden sich mehrheitlich für B, da bei ihr die guten Eigenschaften als Elternteil (enge Bindung) in der Beschreibung stärker hervorgehoben worden waren. Fragten die Forscher ihre Probanden dagegen: «Wem sollte das Sorgerecht für das Kind verweigert werden?», suchten diese nach Informationen, die für eine Entscheidung gegen einen Elternteil sprechen konnten. Sie hielten also nach negativen Aussagen Ausschau und ignorierten die positiven. Abermals fiel ihre Wahl mehrheitlich auf Person B, denn bei dieser waren auch die Gründe, die gegen das Sorgerecht sprachen (verbringt viel Zeit auf beruflichen Reisen), stärker akzentuiert als bei Person A.

Wer also das Sorgerecht bekam (Fall 1: B, Fall 2: A), hing offenbar maßgeblich davon ab, wie die Frage formuliert war. In anderen Studien war das genauso: Zum Beispiel bei der Bewertung von Beweisstücken in fiktiven Verbrechen. Gingen die Probanden von der Annahme aus, dass ein Verdächtiger wohl eher schuldig sei, dann schenkten sie fast nur den Indizien Beachtung, die für diese Annahme sprachen.

Wenn Sie sich mit Starrköpfen auseinandersetzen, bedenken Sie diesen Mechanismus. Passen Sie Ihre Fragen an den Chef, den Partner, den Verschwörungstheoretiker so an, dass er nach Bestätigung in Ihrem Sinne sucht:

- Was spricht für den Nutzen von Impfung?
- Was spricht dafür, dass ich das Projekt übernehme?
- Was spricht dagegen, dass der lästige Kollege den Brückentag freinehmen darf?

- Was spricht gegen die Wirksamkeit der Homöopathie?
- Warum sollten wir lieber zu Hause bleiben, als zu IKEA zu fahren?

FAZIT:

Starrköpfe neigen dazu, nach bestätigenden Informationen zu suchen. Das ergibt den folgenden Merksatz. Formulieren Sie Fragen so, dass für die Antwort Informationen abgerufen werden müssen, die Ihre Meinung, Ihr Ziel stützen. Klingt manipulativ? Ist es auch.

Glauben, weil viele glauben

Es ist eines der berühmtesten und zugleich eines der einfachsten Experimente der Psychologie. In mehreren Versuchsrunden bat Solomon Asch jeweils sieben junge Männer in sein Labor. Er wolle ihre visuelle Wahrnehmung testen, erklärte er ihnen. Die sieben Studenten saßen an einem Tisch. Asch legte der Gruppe Karten vor, auf denen jeweils drei Linien zu sehen waren, die unterschiedliche Längen hatten. Auf einer zweiten Karte war nur ein Strich aufgedruckt, die sogenannte Standardlinie. Die Aufgabe lautete: Sagen Sie, welche der drei unterschiedlichen Linien auf der einen Karte die gleiche Länge wie die Standardlinie auf der anderen Karte hat. Die Aufgabe war beinahe beschämend einfach. In der ersten Runde nannten alle Probanden die richtige Lösung. Genauso in der zweiten Runde. Die Antwort drängte sich beide Male auf, sie war so offensichtlich, dass sie einen förmlich anschrie.

Wie in so vielen Studien, die Psychologen konzipieren, ging es mal wieder um etwas ganz anderes, als Solomon Asch behauptet hatte. Eigentlich befand sich nämlich lediglich ein einziger Proband im Raum, der Student an Position sechs. Alle anderen Anwesenden waren von Solomon Asch eingeweiht worden. Und streng nach Drehbuch hatten sie in den ersten beiden Runden die richtige und offensichtliche Antwort gegeben. Was würde aber passieren, wenn die fünf Studenten vor dem Probanden an Position sechs die gleiche falsche Antwort gaben? Zumal die richtige Lösung unter normalen Umständen nicht zu übersehen sein würde? Genau das wollte Asch herausfinden. Wer beugt sich dem

Druck der Gruppe? Was passiert, wenn die Probanden vor das Dilemma gestellt werden: «Soll ich meinen Augen trauen oder dem, was die anderen in der Gruppe sagen?»

In der dritten Runde glich sich das Schauspiel in der Regel. Der Student an Position 1 gab die falsche Antwort. Der Zweite in der Runde schloss sich ihm an. Spätestens jetzt reagierte der ahnungslose Proband mit leichtem Unglauben. Der Dritte und der Vierte in der Runde sagten die gleiche, offensichtlich falsche Antwort. Haben die denn keine Augen im Kopf? Auch der Fünfte in der Reihe nannte die falsche Antwort – ohne einen Funken Zweifel in seiner Stimme. Auf Fotos des Experiments ist den armen Ahnungslosen in den jeweiligen Versuchsrunden die unangenehme Situation anzusehen. Die echten Probanden litten. Drei Viertel von ihnen stimmten mindestens einmal der offensichtlich falschen Mehrheitsmeinung zu. Nicht alle verleugneten ihr Gefühl, dass die anderen Mist erzählten. Doch insgesamt schlossen sich erstaunlich viele der falschen Mehrheitsmeinung an. «Dass normale, intelligente und wohlmeinende junge Menschen dazu bereit waren, Weiß schwarz zu nennen, sollte uns Sorgen machen», resümierte Solomon Asch.

Die Probanden in der Gruppe waren keinem großen Druck ausgesetzt. Lediglich das Gefühl, alleine vor anderen eine abweichende Meinung vertreten zu müssen, ließ sie einschwenken. Man darf bezweifeln, dass sie danach tatsächlich an die offensichtlich falsche Lösung glaubten. Aber sie beugten sich einer Mehrheit, wie wir uns im Alltag einer Mehrheit unterwerfen. Wenn eine Traube Menschen vor einem Haus stehen bleibt, dann werden wir wahrscheinlich auch kurz innehalten, um nachzusehen, was denn dort so interessant ist.

Menschen glauben an Dinge, weil sie erfahren, dass andere daran glauben. Sie tun Sachen, weil andere diese ebenfalls machen. Das Phänomen nennt sich *Social Proof* – sozialer Beleg. Sich an der

Mehrheit zu orientieren ist oft sinnvoll und die richtige Strategie. Einem Soldaten kann es das Leben retten, wenn er sich auf den Boden wirft und Deckung sucht, nur weil seine Kameraden das Gleiche machen. Und unsere Jäger-und-Sammler-Vorfahren könnten auch häufiger richtig als falsch gelegen haben, wenn sie das Verhalten ihrer Gruppe nachahmten. Doch manchmal verzerrt der soziale Beleg den Blick auf die Realität. Immer wieder wird es als Beweis für die Richtigkeit einer Ansicht angeführt, dass viele Menschen sie teilen. Das Suchtwort «Impfschaden» ergibt 89 100 Google-Treffer. Hinter unseren Medikamenten muss mehr stecken als der Placebo-Effekt, sagt ein Manager des Homöopathie-Herstellers Wala in einem Beitrag im Fernsehen des WDR, sonst würden nicht so viele Menschen unsere Präparate kaufen. Solche Aussagen bringen uns zumindest ins Grübeln, so wie die ahnungslosen Teilnehmer der Experimente von Solomon Asch an der offensichtlichen Wahrheit zweifelten, als die anderen sich über die unsinnige Lösung einig waren.

Soziale Belege wie etwa die Popularität einer Meinung, die Verbreitung eines Verfahrens oder einer Therapie liefern eine Illusion von Wahrheit. Das kann mitunter tragische Folgen haben – und es kann Jahrhunderte dauern, bis der Irrtum überhaupt erkannt wird. Der Aderlass etwa kostete unzählige Menschenleben, allein weil die lange Tradition als Beleg für seine Wirksamkeit galt. Das Konzept hatte sich vom antiken Griechenland aus durchgesetzt und basierte auf der sogenannten Vier-Säfte-Lehre. Ihr zufolge entstehen Krankheiten, weil das Verhältnis von vier verschiedenen Körperflüssigkeiten in Ungleichgewicht geraten ist. Diese vier Säfte waren Blut, gelbe Galle, schwarze Galle und Schleim. Ihnen wurden darüber hinaus Charaktereigenschaften zugeschrieben: Blut sorge für Optimismus, gelbe Galle für Jähzorn, schwarze Galle für Trübsinn, und Schleim mache die Menschen gefühllos. Die griechischen Ärzte glaubten, dass Blut in den Adern eines Menschen zum Stillstand kommen könne und so schließlich die Säfte blockiere, was wiederum Krankheiten verursache. Ihr Therapievorschlag war stets der gleiche: Es müssten Adern geöffnet werden, um das gestaute Blut abfließen zu lassen. Lediglich die Stelle, aus der ein Patient bluten sollte, unterschied sich je nach Leiden.

Die theoretische Basis des Aderlasses ging von falschen Annahmen aus, und die Praktik selbst schwächte die Menschen. Wer krank ist, befindet sich ohnehin in einem geschwächten Zustand. Verliert er dann auch noch teilweise große Mengen Blut, wird er noch schwächer. Der Aderlass brachte Patienten eher in Gefahr als auf den Weg der Heilung. Doch die medizinische Tradition der antiken Griechen galt in Europa lange Zeit als quasi heilig. Generationen von Ärzten ließen Patienten zur Ader – brauchte es noch mehr Beweise für das segensreiche Wirken dieser Methode als die vieltausendfache Anwendung? Nein, die Ärzte verhielten sich so wie die meisten Probanden im Experiment von Solomon Asch: Ihre Vorgänger und deren Vorvorgänger hatten Patienten bluten lassen, warum sollte es dann falsch sein? Wäre es anders, hätte man den Aderlass doch längst aufgegeben.

Nach diesem Muster verteidigen wir auch andere Traditionen. Oder wir schätzen die Bräuche exotischer oder untergegangener Völker als besonders wertvoll und dem Wissen moderner Gesellschaften überlegen ein. Der Aderlass zählte weit mehr als 2000 Jahre lang zur Standardprozedur der Medizin, die tatsächlich dafür sorgte, dass Kranke bis Ende des 19. Jahrhunderts im Schnitt eine höhere Überlebenswahrscheinlichkeit hatten, wenn sie Ärzte mieden. Erst als er ein prominentes Opfer forderte, brach ein langer Streit über diese Technik vom Zaun.

Am 13. Dezember 1799 erwachte George Washington mit den Symptomen einer starken Erkältung. Der erste Präsident der Vereinigten Staaten von Amerika war damals 66 Jahre alt, und er hatte sich offenbar eine ordentliche Infektion eingefangen. Die Ärzte ließen ihn zur Ader und zapften ihm zunächst einen Drittel Liter Blut ab. Am nächsten Tag zeigte Washington keine Zeichen der Besserung. Die Ärzte öffneten abermals eine Ader des Generals und ließen in zwei Sitzungen je einen halben Liter Blut ab. Im menschlichen Körper zirkulieren etwa fünf Liter Blut, fast eineinhalb Liter hatte George Washington durch die Aderlässe verloren. Am frühen Abend verschlechterte sich sein Zustand weiter. Wieder schnitten die Ärzte ihm eine Ader auf. Sein Blut war bereits zähflüssig und floss kaum ab, ein Zeichen von Wassermangel. Im Laufe des Abends starb George Washington. Die Ärzte hatten ihm beinahe die Hälfte seines Blutes abgezapft.

Eine kleine Minderheit von Ärzten hatte den Aderlass zuvor schon kritisch gesehen. Nach dem Tod des Präsidenten kam es zur offenen Konfrontation zwischen Befürwortern und Gegnern. Die Anhänger des Aderlasses befanden sich jedoch in der Mehrheit. Unter ihnen waren die damals bekanntesten und angesehensten Mediziner Amerikas, ja der Welt. In einem spektakulären Prozess, der zufällig kurz nach dem Tod George Washingtons ein Ende fand, urteilten die amerikanischen Richter, der Aderlass sei ein segensreicher und legitimer medizinischer Eingriff. Zehn Jahre nach dem Prozess zeigte ein Militärarzt in einer Vergleichsstudie die kontraproduktive Wirkung des Aderlasses. Die Sterblichkeit von Patienten, die der Prozedur unterzogen wurden, lag um das Zehnfache über der von solchen, denen dies erspart geblieben war. Weitere Studien ergaben das gleiche Ergebnis.

Es dauerte jedoch bis in die zweite Hälfte des 19. Jahrhunderts, bis die Überzeugungskraft der sozialen Belege überwunden war und der Aderlass weitgehend im Giftschrank der Medizingeschichte verschwand. An seine Stelle traten andere Verfahren, deren Wirksamkeit nicht bewiesen war und deren beharrliche

Anwendung hauptsächlich mit ihrer Beliebtheit begründet wurde. Wir glauben an etwas, weil viele daran glauben – zahlreiche Gruppen setzen aktiv auf diese Strategie. Und zwar auch, um aus der Minderheitenposition herauszukommen. In Gruppen fällt es Menschen auch leichter, von der Mehrheit abweichende Standpunkte zu vertreten, wenn sie wenigstens einen oder gar mehrere Mitstreiter haben.

Zum Beispiel die sogenannten Klimaskeptiker in den USA. Der PR-Stratege Marc Munro – einer der führenden Köpfe der Bewegung – ließ der Presse eine Liste mit mehr als 400 angeblichen Klimaforschern zukommen, die allesamt bezweifelten, dass es eine vom Menschen verursachte globale Erwärmung gibt. Viele der Männer und Frauen, deren Namen auf der Liste auftauchten, hatten nichts mit Klimaforschung zu tun. Es ging lediglich darum, den Eindruck eines akademischen Konsenses in dieser Frage zu torpedieren, also den sozialen Beleg zu erschüttern.

Auch Aids-Leugner setzten auf diese Strategie, um den Eindruck zu vermeiden, sie verträten nur eine isolierte Außenseiterposition – etwa durch eine Liste der Aids-Rethinker mit etwa 2700 Namen. Viele der vermeintlichen Unterstützer wussten in diesem Fall nicht einmal, dass sie auf dieser Liste auftauchten. Sie wurden missbraucht, um einer irrigen Idee Überzeugungskraft zu verleihen: indem suggeriert wird, dass viele Menschen dahinterstehen.

Es ist ein bisschen wie damals zu Schulzeiten, mit 14, 15 Jahren. Bei den ersten Partys gab es pappig-süße Bowle mit Spuren von Alkohol, und die wichtigste Frage des Abends lautete: «Wie lange darf ich bleiben?» Im Vorfeld waren zähe Verhandlungen mit den Eltern geführt worden. Es war ein Ringen um Viertelstunden. Und irgendwann führte man stets das Argument ins Feld, dass aber der Sven, die Tina oder der Alex erst später nach Hause müsste. Manchmal hat das geklappt, weil ja offenbar alle anderen

Jugendlichen (na gut, eigentlich Kinder) offenbar längeren Ausgang bekamen – das also normal war.

Die Steuerbehörden des US-Bundesstaates Minnesota überprüften einmal, wie sie die Zahlungsmoral der Bürger verbessern könnten. Dazu verschickten sie vier unterschiedliche Schreiben an die Steuerzahler, die in vier Gruppen aufgeteilt worden waren und jeweils nur eine Information erhielten. Einer wurde mitgeteilt, ihre Zahlungen würden für sinnvolle Zwecke wie Bildung, Sicherheit oder zum Beispiel Brandschutzmaßnahmen verwendet. Die zweite Gruppe bekam zu hören, welche Sanktionen bei Steuerhinterziehung drohten; und die dritte las in ihrem Schreiben, dass sie sich bei der Behörde Hilfe holen könne, wenn sie mit ihrer Steuererklärung überfordert sei. Im Schreiben der vierten Gruppe hieß es, dass 90 Prozent der Bürger des Staates Minnesota ihre Steuern bereits ordnungsgemäß sowie vollständig entrichtet hätten. Lediglich der Hinweis auf das Verhalten der anderen Bürger zeigte eine (positive!) Auswirkung auf die Zahlungsmoral der angeschriebenen Steuerpflichtigen. Wenn fast alle sich so verhalten, dann will man sich offensichtlich nicht in eine Minderheitenposition bringen.

Die Mehrheit bringt auf Linie. Und wenn der Sven so lange auf der Party bleiben darf, dann sollte einem das selbst doch auch erlaubt werden. Die Sache hatte einen Haken: Irgendwann telefonierten unsere Eltern vor solchen Abenden miteinander und stellten fest, dass wir alle gar nicht so lange bleiben durften und alle die gleiche Geschichte mit unterschiedlichen Namen erzählten. Der Sven durfte gar nicht so lange bleiben – und der Alex, von dem er seiner Mutter immer erzählte, auch nicht. Aber das ist eine andere Geschichte.

FAZIT:

Die Popularität einer Ansicht beweist für uns deren Richtigkeit. Oft ist es hilfreich oder sogar richtig, sich an anderen zu orientieren. Seien Sie aber unbedingt misstrauisch, wenn das als einziger Beleg angeführt wird. In diesem Fall zeigen Sie dem Starrkopf, dass mitnichten ein breiter wissenschaftlicher Konsens hinter seinem Irrglauben steht. Nutzen Sie die Strategie der Klima-Leugner: Säen Sie Zweifel im Starrkopf, indem Sie zeigen, wer alles gegen diese Idee ist.

Wiederholung macht mürbe

Der junge Mann war nicht gut auf die Behörden zu sprechen. Er lebte in China zur Zeit der Kulturrevolution, die von Mao Zedong angezettelt worden war. Die Jahre zwischen 1966 und 1976 waren von Paranoia geprägt, überall witterte man Konterrevolutionäre und Staatsfeinde. Nachbarn und Freunde denunzierten sich gegenseitig. Auch die Eltern des jungen Mannes fielen der Kampagne zum Opfer. Sie wurden in verschiedene Straflager deportiert. Der Sohn blieb auf sich allein gestellt und hegte einen starken Groll gegen die Peiniger seiner Eltern.

Auf seinem Schulweg fiel ihm eines Tages ein Plakat auf, das dort an einer Wand aufgehängt war. Darauf wurde ein Handwerker aus seiner Nachbarschaft bezichtigt, sich kapitalistischer Verfehlungen schuldig gemacht zu haben. Es handelte sich um einen Korbflechter: ein Mann, der in seiner kleinen Werkstatt arg kämpfen musste, damit er genug Geld verdiente, um seine Familie zu ernähren und einen Alltag zu ermöglichen. Der Beschuldigte war kein Industrieller, kein Parteibonze, kein Akademiker – sondern ein einfacher Handwerker, der in bitterer Armut lebte.

Wie reagierte der junge Mann, als er das Propagandaplakat das erste Mal sah? «Er hielt das für völlig absurd», sagt Hal Arkes von der Ohio State University, der diese Geschichte aus der Jugend eines seiner ehemaligen Studenten auf einer Tagung in Halle erzählte. Wäre er nicht voll Bitterkeit gewesen, hätte er wohl über die bizarre Vorstellung gelacht, dass ein einfacher Korbflechter eine kapitalistische Bedrohung für das riesige China sein sollte.

Das Plakat hing lange an der Wand, und jeden Tag passierte

der junge Mann es auf dem Weg zur Schule. Und schleichend veränderte sich seine Wahrnehmung. Sein Ärger über die offensichtliche Ungerechtigkeit schliff sich ab. Irgendwann fand er das Plakat nicht weiter bemerkenswert, es war normal geworden. «Und schließlich war es für ihn sogar glaubwürdig», sagt Hal Arkes. Der junge Mann hatte allen Grund, die Quelle der Anschuldigungen abzulehnen, ja zu hassen – schließlich waren seine Eltern durch ähnliche Denunziationen im Arbeitslager gelandet. Er wusste auch, dass ihr Inhalt absurd war. Und doch schenkte er dem Plakat irgendwann Glauben. «Einfach nur, weil es da war und weil er es immer wieder sah», sagt Hal Arkes. Durch penetrante Wiederholung ließ sich selbst ein Mensch mit extrem ablehnender Haltung überzeugen.

So funktioniert politische Propaganda, und so funktioniert auch Werbung: durch stete Wiederholung einfacher Botschaften. Wir alle reagieren ähnlich wie der chinesische Schüler, wenn wir immer wieder den gleichen Botschaften begegnen: Die Wahrscheinlichkeit ist hoch, dass wir sie irgendwann gut finden.

Robert Zajonc prägte für diesen mentalen Vorgang in den 1960er Jahren den Begriff *mere exposure effect*, was sich als Effekt des bloßen Kontakts übersetzen ließe. Der Sozialpsychologe organisierte dazu zahlreiche Experimente, die alle eines zeigten: Wer immer wieder einem gleichen Reiz ausgesetzt ist, dessen Einstellung dazu verändert sich im Laufe der Zeit zum Positiven. Für einen seiner Versuche ließ Zajonc zum Beispiel auf den Titelseiten zweier Studentenzeitungen an zwei Universitäten in Michigan regelmäßig kleine Anzeigen drucken, in denen sinnlose Wörter standen. Die Begriffe lauteten zum Beispiel Nansoma, Saricik, Afworbu, Iktitaf, Biwojni oder Kadirga. Er variierte die Häufigkeit, mit der die Wörter in den beiden Zeitungen auftauchten. Eine Erklärung für die Anzeige oder die seltsamen Begriffe gab er nicht, sie waren da einfach auf der Titelseite.

Nach einigen Wochen schickte Zajonc Studenten der beiden Universitäten Fragebögen, in denen die Wörter aus den rätselhaften Anzeigen auftauchten. Sie sollten für jedes von ihnen einschätzen, ob es etwas Gutes oder etwas Schlechtes bezeichnete. Die Ergebnisse spiegeln die Erfahrungen wider, die der chinesische Schüler mit dem Plakat über den Korbflechter gemacht hatte. Je häufiger eines der sinnlosen Wörter in der Zeitung aufgetaucht war, desto positiver wurde es von den Studenten bewertet – und je seltener, desto negativer.

Psychologen aus aller Welt haben in den vergangenen Jahren weitere Belege für den *mere exposure effect* gesammelt. Fragt man Menschen nach ihrem Lieblingsbuchstaben – klar, das ist eine seltsame Frage –, dann fallen die Antworten zwischen den Nationen auffällig unterschiedlich aus. Je gebräuchlicher ein Buchstabe in einer Sprache ist, desto beliebter ist er. Franzosen mögen zum Beispiel am wenigsten den Buchstaben W, da dieser in ihrer Sprache am seltensten verwendet wird. Japanische Probanden fanden in einer anderen Studie Zahlen besonders schön, die in ihrem Geburtsdatum enthalten waren. Geometrische Formen gelten als schöner, wenn man sie bereits mehrmals gesehen hat. Vertraute Gesichter gefallen uns besser. Und weil einem das spiegelverkehrte Bild von einem selbst vertrauter ist, mögen wir uns auf Fotos lieber, wenn diese gespiegelt werden. Uns schmeckt besonders das gut, was wir häufig essen – die Liste der Beispiele ließe sich schier endlos fortführen.

Die Pariser lernten sogar den Eiffelturm schätzen und lieben. Auch das gilt als Beispiel für den *mere exposure effect*. Als der eiserne Turm 1889 fertiggestellt worden war, verspotteten ihn viele Bewohner der französischen Hauptstadt als grotesken Schandfleck. Aus heutiger Perspektive ist das kaum mehr vorstellbar, schließlich gilt der Eiffelturm als eines der berühmtesten Wahrzeichen der Welt. Er ist es geworden, weil er einfach da war, argumentieren Sozialpsychologen. Nur weil die Pariser gezwungen waren, ihn sich immer wieder anzusehen, haben sie ihn irgendwann lieben gelernt. Vertrautheit schafft Freunde. Das gilt sogar für Tiere: Spielt man ungeschlüpften Küken im Ei regelmäßig den gleichen Ton vor, reduziert dieses Geräusch später Stress bei den Tieren.

Robert Zajonc erklärt den *mere exposure effect* mit evolutionären Vorteilen. Tiere und die Vorfahren der Menschen vergrößerten ihre Überlebenschancen, wenn sie auf unbekannte Reize mit Flucht oder wenigstens äußerster Vorsicht reagierten. Raschelt es im Gebüsch, könnte es eine ziemlich gute Idee sein, wegzurennen. Wenn aber auf einen bestimmten Reiz – ein Geräusch, ein Geschmack, etwas, das man sehen kann – negative Folgen regelmäßig ausbleiben, lässt die Vorsicht nach, und es stellt sich ein Gefühl von Vertrautheit ein. Statt Ablehnung oder Vorsicht auszulösen, wandelt sich dieser Reiz zu einem Signal der Sicherheit. Er lädt sich auf diese Weise positiv auf, denn Sicherheit ist gut.

Vertrautheit und positive Gefühle erhöhen die kognitive Leichtigkeit, mit der Menschen Reize verarbeiten. Und das fördert, wie wir bereits mehrmals gehört haben, die Illusion von Wahrheit. Das Gefühl von Vertrautheit wirkt wie gute Laune: In diesem Zustand denken wir eher oberflächlich und intuitiv. Wir sind nicht misstrauisch oder wachsam, dafür scheinen uns die Dinge ohne größere Mühe zu gelingen. Tja, und wenn sich nun ein Plakat oder eine Aussage vertraut anfühlt, dann schenken wir diesen auch eher Glauben. Das ist nicht immer schlecht, zum Beispiel in einer Quizshow (oder einer vergleichbaren Situation): Man weiß auf die Frage keine Antwort, aber eine der vier angebotenen Lösungsmöglichkeiten fühlt sich irgendwie besser, bekannter, vertrauter an als die anderen drei. Wahrscheinlich ist es keine schlechte Idee, dem Gefühl der kognitiven Leichtigkeit zu vertrauen und sich für diese Lösung zu entscheiden.

Das Erstaunliche am *mere exposure effect* ist, dass er auch funktioniert, ohne dass die fraglichen Reize bewusst wahrgenommen werden. Es ist zum Beispiel nicht davon auszugehen, dass die Studenten der beiden Universitäten in Michigan die sinnlosen Wörter intensiv studierten, die Robert Zajonc auf den Titelseiten der Studentenzeitungen hatte drucken lassen. Sie nahmen die sinnlosen Begriffe sicher eher beiläufig wahr. Allenfalls dürften sie sich einmal über die seltsamen Wörter gewundert und in weiteren Ausgaben zumindest kurz gemerkt haben, dass die Liste dort schon wieder stand. Doch wie die Ergebnisse des Experiments zeigten, reichte dieser beiläufige Kontakt aus.

Deshalb ist der *mere exposure effect* für die Auseinandersetzung mit Starrköpfen sehr relevant. Wiederholung lässt selbst menschenverachtende Propaganda glaubwürdig erscheinen und lädt sinnlose Wörter positiv auf. Wenn zum Beispiel Probanden unter einem Vorwand zweimal die gleiche E-Mail vorgelegt wird, dann vertrauen sie dem Inhalt eher, wie der Psychologe Norbert Schwarz gezeigt hat. Der gleiche Effekt stellt sich ein, wenn ein und dieselbe Person mehrere Statements wiederholt. Je häufiger das in einem Experiment geschah, desto glaubwürdiger wurde die Aussage des Sprechers. Logisch lassen sich beide Ergebnisse nicht erklären: Warum sollte eine Nachricht mehr wert sein, wenn sie zweimal gelesen wird? Der Inhalt verändert sich schließlich nicht. Ebenso wenig, wenn ein Mensch wiederholt das Gleiche sagt. Doch kognitive Leichtigkeit ist ein starkes Signal, dem wir vertrauen – dummerweise erzeugt unser Denken kein Warnsignal, wenn uns das Gefühl der Vertrautheit in die Irre führen könnte.

Die von Vertrautheit erzeugte Wahrheitsillusion strahlt sogar aus, wie Ian Begg, Victoria Amour und Thérèse Kerr berichtet haben. Demnach reicht es aus, wenn einzelne Passagen in einem Satz durch Wiederholung vertraut sind, damit die gesamte Aussage glaubhaft wirkt. Die Wissenschaftler legten ihren Probanden immer wieder den Satzteil «die Körpertemperatur eines Huhns» vor, eingebettet in unterschiedliche Texte. Anschließend akzeptierten diese mit höherer Wahrscheinlichkeit sinnfreie Aussagen wie: «Die Körpertemperatur eines Huhns beträgt 60 Grad Celsius.» Ein Huhn mit einer derart hohen Körpertemperatur würde sich wahrscheinlich automatisch selbst garen – aber man glaubt es, wenn man oft genug den ersten Teil des Satzes hören musste. «Eine zuverlässige Methode, Menschen dazu zu bringen, falsche Aussagen zu glauben, ist häufiges Wiederholen, weil Vertrautheit sich nicht leicht von Wahrheit unterscheiden lässt», fasst Daniel Kahneman die ganze Sache zusammen.

In einer klassischen Studie aus dem Jahr 1945 offenbarte sich der Schaden unbedachter Wiederholung. Es ging eigentlich darum, Gerüchte aus der Welt zu schaffen, die unter den Angehörigen der US-Streitkräfte die Runde machten. Dummerweise verbreiteten sich die Gerüchte am stärksten, gegen die in der Armee am stärksten vorgegangen wurde. Diese wurden nämlich auch am häufigsten wiederholt. Dadurch wurden sie den Soldaten besonders geläufig und vertraut. Und Vertrautheit – um das jetzt noch mal zu wiederholen –, Vertrautheit fördert also das Gefühl von Wahrheit.

FAZIT:

Werden Sie nicht müde und wiederholen Sie Ihre Botschaft. Immer wieder. Immer wieder. Immer wieder. Seien Sie ruhig ein bisschen penetrant. Aber Achtung: Wiederholen Sie nicht die falschen Aussagen!

Schritt für Schritt

Wie geht das eigentlich vor sich, wenn jemand einer Sekte beitritt? Etwa so? Die vielen Skandale in der katholischen Kirche brachten Martin B. ins Grübeln. Schon länger hatten sich Zweifel in ihm ausgebreitet. Während der Gottesdienste fühlte er sich oft allein und ertappte sich immer wieder dabei, dass er der Predigt gar nicht mehr richtig zuhörte. Dann ließ er es einreißen. Statt wie so lange jeden Sonntag zur Messe zu gehen, blieb er nun immer häufiger einfach zu Hause. Irgendwann ging Martin B. gar nicht mehr in die Kirche, in der er schon mit seinen Eltern gewesen war. Er distanzierte sich zusehends von den Lehren der Institution, die ihm lange Jahre eine Heimat gegeben hatte. Bis er eines Tages aus der Kirche austrat.

Für einige Zeit fühlte er sich befreit. Dann spürte Martin B. eine kalte Leere, die sich in ihm ausbreitete. In ihm saß ein tiefes Bedürfnis nach Spiritualität, nach einem übergeordneten Sinn, gestand er sich eines Abends ein, mehrere Jahre nach seinem Abschied aus der Kirche. Martin B. war stets ein Mann der Tat gewesen. Auch diesmal zögerte er keinen Moment, er setzte sich vor seinen Rechner und recherchierte im Internet nach Bewegungen, in denen Spiritualität gelebt wurde. Dann fertigte er eine Liste an, auf der er alle seine Wünsche und Bedürfnisse notierte. Auf einer zweiten Liste trug er akribisch die Angebote verschiedener Religionen, Strömungen und Gruppen zusammen. Martin B. fahndete nach dem spirituellen Hafen, der seinem geistigen Schiff den besten Ankerplatz versprach.

Er wurde fündig. Am nächsten Tag fuhr er mit der S-Bahn in

die Innenstadt und suchte die örtliche Niederlassung der Church of Scientology auf. Zielstrebig ging er auf den Mann am Empfang zu und stellte sich vor: «Guten Tag. Mein Name ist Martin B. Ich möchte Mitglied bei Ihnen werden. Wo muss ich unterschreiben?»

Das klingt nicht nur völlig beknackt, das ist es auch. Niemand sucht sich die Mitgliedschaft in einer Sekte so aus, wie er sich ein Fahrrad beim Fachhändler aussucht. Genauso wie niemand beschließt, nun zum Beispiel eine politische Partei zu unterstützen, mit der er bisher keinen Kontakt hatte. Niemand entscheidet sich bewusst dafür, für oder gegen Atomkraft zu sein. Es passiert einfach, es passiert Schritt für Schritt. Doch unter manchen Umständen steigt die Wahrscheinlichkeit, dass so etwas passiert.

Bleiben wir beim Beispiel vom neugewonnenen Gläubigen. Sekten, Kirchen oder auch Verkäufer nutzen die sogenannte Fuß-in-der-Tür-Technik, um Gläubige oder Kunden zu gewinnen. Das Prinzip dahinter ist simpel: Jemand willigt eher ein, einem einen großen Gefallen zu tun, wenn man ihn zuvor erfolgreich um einen kleinen Gefallen gebeten hat. Die Missionare einer Glaubensgemeinschaft überfallen Unbekannte nicht mit der Bitte, doch mal eben Mitglied bei ihnen zu werden. Stattdessen sprechen sie Menschen an und schenken ihnen ein Buch, eine Karte mit einem Spruch oder ein Stück Kuchen. Im nächsten Schritt laden sie zu einem Abendessen ein, an das sich ein gemeinsamer Gottesdienst anschließt. Wer dann immer noch dabei ist, erlebt vielleicht ein Wochenende mit den Gruppenmitgliedern, singt mit ihnen und diskutiert über die Glaubensinhalte. Am Anfang werden die Neulinge nur ermuntert, an kleinen Aktivitäten oder Ritualen teilzunehmen. Erst nach und nach werden die Bitten größer, präziser und fordernder – bis sie sich in Zwang verwandeln, sobald der Neuling zum Gruppenmitglied geworden ist. Schritt für Schritt hat sich so ein Neuling in einen Jünger verwandelt, der teils hanebüchenen Unsinn glaubt, den er nie im Leben akzeptiert hätte, wenn er ihm zu Beginn als Komplettpaket serviert worden wäre.

Psychologen haben die Fuß-in-der-Tür- oder Schritt-für-Schritt-Technik in zahlreichen Studien ausprobiert. Für eines der ersten Experimente riefen Forscher Hausfrauen an und erkundigten sich, ob sie ein paar Fragen zu den Haushaltswaren beantworten würden, die sie regelmäßig benutzten. Dann riefen die Psychologen ein zweites Mal an und fragten, ob sie fünf bis sechs Männer vorbeischicken könnten, die bei den Frauen im Haushalt eine Art Inventur machen würden. Zwei Stunden sollte das dauern. Mit demselben Anliegen kontaktierten sie noch mal so viele Frauen, denen sie die erste Frage nicht gestellt hatten. Hatten die Frauen zuvor bei der Telefonumfrage mitgemacht, stimmten sie der zweistündigen Inventur mit doppelt so hoher Wahrscheinlichkeit zu als die Frauen, die gleich beim ersten Kontakt mit dieser Frage konfrontiert worden waren.

Die Studien gleichen sich: Da verlangt ein Unbekannter vor der Tür, man solle ein großes, hässliches Schild im Garten aufstellen, das Autofahrer zu defensivem Verhalten auffordert? Wenn man ein paar Tage vorher einen Aufkleber gleichen Inhalts für das Fenster akzeptiert hat, dann ist meist auch das Schild in Ordnung. Betrunkene sollen nicht Auto fahren, sondern sich ein Taxi nehmen? Daran halten sie sich eher, wenn sie einige Zeit zuvor eine Petition gegen Alkohol am Steuer unterzeichnet haben. Recycling? Dabei machen Menschen eher mit, wenn sie erst eine Umfrage zur Wiederverwertung von Rohstoffen ausgefüllt haben.

Der Erfolg des Konzepts wird also wahrscheinlicher, wenn die einzelnen Schritte beim gleichen Thema bleiben. Hätten die Psychologen die Hausfrauen nicht zweimal nach Haushaltsgegenständen gefragt, sondern erst nach den Hobbys ihrer Kinder, wäre die Erfolgsquote wohl niedriger gewesen. Wer Bitten steigert, sollte also im gleichen Thema bleiben. Zum Beispiel: «Kannst du mir deine Rolle zum Anstreichen leihen?» Und dann: «Hilfst du mir, meine Wohnung neu zu streichen?» Oder: «Kann ich das Auto haben, um heute Nachmittag zum Einkaufen zu fahren?» Gefolgt von: «Kann ich das Auto das Wochenende über haben?»

In diesem Buch geht es jedoch nicht darum, anderen etwas abzuschwatzen oder ihnen etwas zu verkaufen. Es geht darum, wie sich festgefügte Einstellungen und Meinungen verändern lassen, wie der Glaube an Fehlinformationen ausgeräumt werden kann. Bei wichtigen, relevanten Ansichten eines Menschen geschieht dies in einem schleichenden Prozess voller winziger Schritte – ähnlich wie bei dem sinnsuchenden Ex-Katholiken Martin B. Bis jemand auf einer Meinungsskala von einem Extrem zum anderen gelangt, dauert es lange. Das lässt sich exemplarisch an der Geschichte des britischen Umweltaktivisten Mark Lynas darstellen. Er wandelte sich vom Gegner zum Befürworter Grüner Gentechnik – und dahinter steckt eine dramatischere Geschichte, als diese nackte Schilderung ahnen lässt. Eines noch vorweg: Es geht nicht darum, die Position von Mark Lynas zu bewerten oder zu verteidigen. Wichtig ist nur, was ihn dazu gebracht hat, so radikal die Seiten zu wechseln.

Anfang Januar 2013 trat Mark Lynas an das Rednerpult der Oxford Farming Conference. Im Publikum saßen Landwirte, Agrarwissenschaftler und -ökonomen. Lynas selbst war als Umweltweltaktivist und Autor für den Vortrag gebucht – was er aber zu sagen hatte, war für das Publikum eine immense Überraschung. Ebenso für die Öffentlichkeit: Lynas wurde binnen Stunden zum Star und zugleich zur Hassfigur. «Ich möchte meine Rede mit ein paar Entschuldigungen beginnen, die vor diesem Publikum höchst angebracht sind», begann er seinen Vortrag, den er später auf seiner Webseite veröffentlichte. Lynas entschuldigte sich dafür, dass er in den 1990er Jahren als ein Aktivist der ersten Stunde die Protestbewegung gegen die Grüne Gentechnik ins Leben gerufen hatte; dass er zusammen mit anderen Demonstranten in illegalen Aktionen die Pflanzen auf Versuchsfeldern zerstört hatte; dass er als einer der Ersten den Finger auf Monsanto gerichtet und das aktuelle Bild vom erzbösen Agrarkonzern aus den USA miterfunden habe; und dass er eine Technologie bekämpft habe, die Umweltprobleme lösen und eine wichtige Waffe im Kampf gegen den Hunger auf der Welt sein könne.

Ob seine Entschuldigungen angebracht und seine Argumente inhaltlich korrekt waren – das interessiert an dieser Stelle nicht. Es ist hingegen wichtig, zu verstehen, wie hoch der Preis war, den Mark Lynas zahlte. Jahrelang hatte er sich öffentlich zu einer Haltung bekannt, die er nun ebenfalls öffentlich widerrief. Das ist sehr ungewöhnlich, das machen Menschen nur selten. In der Regel klammern sie sich an öffentlich bekannte Meinungen besonders stark. Was ist in Lynas vorgegangen?

Die Entfremdung des Umweltaktivisten von seiner Organisation Earth First! vollzog sich in kleinen Schritten. Schon Ende der 1990er Jahre störte ihn die Diskrepanz zwischen Anspruch und interner Wirklichkeit. Offiziell, so schilderte er es in einem Beitrag für die britische Zeitung *Observer*, gab es bei Earth First! keine Hierarchien. Faktisch existierten sie natürlich schon: Es waren die radikalsten Mitglieder, die Chefrollen einnahmen. Die Folge sei gewesen, dass die Gruppe in höchstem Maße hierarchisch autoritär gewesen sei, auch weil die Strukturen nicht offiziell und dadurch nicht transparent gewesen seien. Auch die Haltung vieler Mitglieder stieß Mark Lynas auf: «Alle hielten sich für tolerant und aufgeschlossen.» Kritisierte man aber eine Position offen, dann sei man aggressiv angegangen worden, ohne dass sich jemand mit dem Inhalt der Kritik auseinandersetzte. Im Mai 2000 geriet eine Demonstration in London aus dem Ruder. Mitglieder von Earth First! waren unter anderem daran beteiligt, die Filiale einer Fast-Food-Kette zu demolieren. Als Lynas das bei einer anschließenden Siegesfeier in einem Pub kritisierte, feindeten ihn die anderen an.

Schließlich kam es zum offenen Bruch. Seine Meinung zu Nutzen und Gefährlichkeit von Grüner Gentechnik war davon noch nicht unmittelbar betroffen. Sie begann erst zu kippen, als er sich für Buchprojekte mit dem Klimawandel beschäftigte. Er habe nicht nur Anekdoten aneinanderreihen, sondern die Wissenschaft dahinter verstehen wollen. «Also habe ich angefangen, mich mit der Wissenschaft zu beschäftigen. Und ich habe mich in sie verliebt. Mir ist klargeworden, dass Wissenschaft ein Fenster zur Wahrheit öffnet, was keine andere Methode bieten kann.» Bislang hatten Forscher dem nun zweifelnden Gentech-Aktivisten als Feindbild gedient. Er und seine Mitaktivisten stellten sie als korrupt, interessengeleitet und menschenverachtend dar. Seine neue Liebe zu wissenschaftlicher Evidenz brachte dieses Weltbild ins Wanken: Die Klimaforschung liefert robuste Ergebnisse. Warum sollten Genetiker mit der gleichen Methodik ausschließlich verzerrte Daten liefern?

Sein Zweifel hatte einen weiteren Schritt gemacht. In den Jahren bis 2013 schrieb er populärwissenschaftliche Bücher, wurde dafür ausgezeichnet und änderte nach und nach seine Meinung. Der Prozess der vielen kleinen Schritte fand vorerst in seinem Vortrag auf der Oxford Farming Conference seinen Höhepunkt. Mit dem Auftritt verlor Marc Lynas viele Freunde, wie er schildert. Die Anti-Gentech-Bewegung warf ihm nun all das vor, was er einige Jahre zuvor anderen vorgeworfen hatte: dass er von Monsanto gekauft sei, auf der Gehaltsliste anderer Konzerne stehe, die Augen vor der Wahrheit verschließe und die Zukunft der Erde aufs Spiel setze.

Egal welche Meinung man selbst zu Grüner Gentechnik vertritt, man sollte zumindest anerkennen, dass Mark Lynas mit seinem öffentlichen Auftritt mutig gehandelt hat. Und verstehen, dass dies kein plötzlicher, sondern ein Prozess der vielen kleinen Schritte gewesen ist.

Die Fuß-in-der-Tür-Technik funktioniert auch bei Meinungen und Ansichten. Statt den offensichtlichen Kern eines Irrglaubens direkt zu attackieren, setzten Sie mit einer Finte, einer Ausweichbewegung an und bereiten den Boden. Den glühenden Anhänger zum Beispiel einer unbewiesenen alternativmedizinischen Therapie könnten Sie zunächst vom Wert der Wissenschaft sowie deren Methoden überzeugen. Und dann erst zum Mythos überleiten. Die Schritte dieser Technik sollten aufeinander aufbauen und Fakten vertraut machen, statt stets nur den Mythos als falsch darzustellen. Um aber große Meinungen und Ansichten zu verändern, planen sie lieber Wochen, Monate oder gar Jahre ein als nur ein paar Stunden oder Tage.

FAZIT:

Große Meinungen ändern sich nur in kleinen Schritten. In der Auseinandersetzung mit Starrköpfen ist Geduld demnach eine Tugend.

Immer recht freundlich

Wie nennt man einen dicken Vegetarier? Biotonne. Und was sagt ein Vegetarier, der seine Familie zu Tisch ruft? «Kinder, das Essen wird welk.» Im Internet sprießen Vegetarierwitze wie diese. Und in den immer gleichen Diskussionen, in denen Menschen, die kein Fleisch essen, sich rechtfertigen müssen, fällt in aller Regel ein Spruch wie dieser: «Ich mag Vegetarier nicht, die essen meinem Steak das Essen weg.» Warum aber reagieren viele Menschen auf Vegetarier wie auf Angehörige eines bislang isoliert lebenden Volksstammes, die erst bestaunt und dann lächerlich gemacht werden?

Julia Minson von der Universität Pennsylvania und Benoît Monin von der Universität Stanford bieten eine Erklärung an: Fleischesser hätten oft das Gefühl, dass Vegetarier sie moralisch verurteilten, und fühlten sich zu schlechten Menschen degradiert. Und Attacken auf ihr positives Selbstbild wehren Menschen ab, indem sie Angreifer lächerlich machen.

Ihren Exotenstatus haben Vegetarier eigentlich längst eingebüßt. In Deutschland verzichten heute bis zu sechs Millionen Menschen auf Fleisch und befolgen eine der unterschiedlich strengen Formen des Vegetarismus. Die Mehrzahl habe sich aus ethischen Gründen zu diesem Schritt entschieden, schreiben die Ernährungswissenschaftler Claus Leitzmann und Markus Keller in ihrem Buch «Vegetarische Ernährung». Sie lehnen die Tötung von Tieren ab oder wollen vermeiden, dass die Umwelt, etwa durch Klimagase aus der Viehzucht, belastet wird.

Diese Haltung verleihe den Vegetariern den Status einer Minderheit, die einen höheren moralischen Anspruch vertrete als die Mehrheit, argumentieren Julia Minson und Benoît Monin. Deshalb müssen Vegetarier nicht einmal penetrant mit ihrer Entscheidung hausieren gehen, um bei Fleischessern Abwehrreaktionen auszulösen. Schon ein stummer Vegetarier stellt einen impliziten moralischen Vorwurf dar, auf den andere hochsensibel reagieren.

Das zeigte sich in zwei Studien von Minson und Monin. Sie baten ihre Probanden – lauter Fleischesser –, sämtliche Begriffe zu notieren, die ihnen zu Vegetariern in den Sinn kamen. Knapp die Hälfte der Teilnehmer nannte vor allem negative Attribute wie «arrogant», «nervig» oder «selbstgerecht». Anschließend sollten die Versuchspersonen einschätzen, wie Vegetarier Fleischesser moralisch bewerten. Wer zuvor negative Begriffe genannt hatte, fühlte sich auch eher durch Vegetarier abgewertet, weil er Fleisch aß. In ihrem zweiten Versuch drehten die Psychologen den Spieß um. Nun ging es zuerst um das Bild, das Vegetarier von Fleischessern haben könnten, dann um die Assoziationen der Fleischesser selbst. Damit stellten die Forscher den Angriff auf das moralische Selbst der Versuchspersonen quasi in den Raum, indem sie die Probanden alle Zutaten selbst formulieren ließen – und nun ergab sich ein noch dunkleres Bild als zuvor.

Auch Psychologen um Brock Bastian erkundeten, weshalb sich Fleischesser implizit angegriffen fühlen könnten. Die Forscher von der Universität Queensland interessierten sich besonders dafür, wie die Menschen mit dem sogenannten Fleisch-Paradoxon zurechtkommen: Warum essen sie gern Fleisch und empfinden gleichzeitig Zuneigung zu Tieren? Grundsätzlich werden Tier und Steak in der Vorstellung getrennt. Bastian zeigte nun, dass es vielen Menschen als gerechtfertigt erscheint, Tiere zu essen, wenn deren geistige Fähigkeiten als sehr gering gelten. Nun sind zum Beispiel Schweine bekanntermaßen sehr schlaue

Tiere. Doch das können Fleischesser laut Bastian verdrängen und sich weiter als gute Menschen fühlen, wenn sie ein Schnitzel auf dem Teller haben – außer ein Vegetarier isst neben ihnen seinen panierten Sellerie.

Wenn wir schon auf unterschwellige Vorwürfe so dünnhäutig reagieren, dann müssen die Abwehrreflexe gegen direkte Angriffe auf unser Selbstbild und dessen Zutaten doch noch heftiger ausfallen, oder? In der Tat, Kritik lässt uns selbst ein Leben in widrigen Umständen hartnäckig verteidigen. Folgendes Szenario entfaltet zum Beispiel immer wieder eine seltsame Dynamik. Es steht ein Besuch bei der Familie des Partners an. Der Stresslevel steigt, keiner der Beteiligten erwartet ein entspanntes Treffen. Wie auch, die Schwiegermutter besitzt schließlich ein bemerkenswertes Talent, sensible Themen mit der Zurückhaltung einer Drückerkolonne anzusprechen. Der Schwiegervater ist laut, unterbricht jeden und weiß grundsätzlich alles besser. Und die Geschwister des Partners begegnen einander in herzlicher Missgunst. Allen Beteiligten sind diese Umstände bewusst, und alle beschweren sich darüber. Doch übt der Ehemann Kritik an den Schwiegereltern, löst er damit ein seltsames Verteidigungsprogramm bei seiner Partnerin aus. Auf einmal rechtfertigt sie die Schrullen ihrer Familie, über die sie sich vor wenigen Minuten selbst noch augenrollend beschwert hat.

Die meisten Menschen reagieren ähnlich auf Kritik von außen, berichten Aaron Kay von der Duke University und Justin Friesen von der Universität Waterloo. Die beiden Psychologen haben dieses Phänomen in einem größeren Bezugsrahmen untersucht: Sie zeigten, dass diese Art der Bedrohung Menschen dazu veranlasst, zum Beispiel soziale Systeme zu unterstützen oder gesellschaftliche Schieflagen zu rechtfertigen, die sie an sich kritisieren.

So wie ein Partner seine nervige Familie verteidigt, sobald sich jemand anders über deren Verhalten auslässt, rücken die Bürger eines Landes zusammen, wenn sie eine externe Bedrohung wahrnehmen. In beiden Fällen verteidigen die Menschen etwas gegen eine externe Bedrohung. So sei es nach den Terroranschlägen vom 11. September 2001 gewesen, schreiben die Forscher, als der Präsident, der Kongress, die Polizei und andere staatliche Institutionen der USA schlagartig besonders hohe Zustimmungsraten erfuhren. Einen ähnlichen Effekt beobachteten Psychologen, als der Hurrikan Katrina New Orleans verwüstete. Angesichts öffentlicher Kritik am zögerlichen Verhalten der Behörden reagierten viele Amerikaner, indem sie staatliche Stellen in Schutz nahmen und stattdessen den Betroffenen in New Orleans selbst die Schuld an ihrer Lage zuwiesen.

Dahinter stecke ein psychologisches Grundbedürfnis, sagen Kay und Friesen: Kritik anzunehmen bedeute, die Fehler eines Systems anzuerkennen. Nur wollen die meisten Menschen den Glauben nicht aufgeben, einem rechtschaffenen sozialen Gefüge anzugehören, an die richtigen Werte zu glauben und das korrekte Weltbild zu haben. Und sie wollen vor allem nicht zugeben, dass sie einen Fehler gemacht haben und womöglich lange Zeit an einen offensichtlichen Irrtum geglaubt haben.

In sozialen Systemen, die starken Einfluss auf die Individuen ausüben, beobachten Psychologen diese Rechtfertigungsmechanismen besonders häufig. Wer etwa vom Wohlwollen von Autoritätspersonen abhängig oder einer Situation hilflos ausgeliefert ist, wird diesen demnach besondere Zustimmung entgegenbringen: Sind sie überzeugt, an ihrer katastrophalen Ehe oder dem verbrecherischen Verhalten eines Regimes sei nichts zu ändern, setzt dies ein Rechtfertigungsprogramm in Gang. Wer glaubt, wenig Kontrolle über sein Leben zu haben, der beginnt eben, sich mit dem Status quo zu arrangieren.

Diese Art der Verteidigungsmechanismen greifen nicht nur, wenn wir loyal zu unser Familie oder gar zu unserem Land stehen und Angriffe abwehren – sondern auch bei scheinbar absurden Glaubensinhalten. In der Auseinandersetzung mit Starrköpfen müssen wir direkte, schmähende Kritik deshalb vermeiden. Denn auf diese Art der Angriffe gibt es nur eine Reaktion: Trotz und Beharren. In den Blogs der Skeptiker-Szene, die sich kritisch mit Alternativmedizin und Esoterik auseinandersetzt, sind Späße auf Kosten der Starrköpfe jedoch ein beliebtes Stilmittel. Das ist nachvollziehbar. Für den Unbeteiligten sind die meisten Geschichten aus der Esoterik schlicht absurd, lächerlich, und es ist fast unmöglich, sich nicht darüber lustig zu machen. Glauben Sie nicht? Lesen Sie das folgende Beispiel.

Der Raumschiffkommandant Kryon stammt aus einer höheren Dimension. Seine Mission ist es, das Magnetfeld der Erde neu zu gestalten und die Menschheit ins Licht zu führen. Nur wenige Auserwählte können Kontakt mit dem engelhaften Energiewesen aufnehmen, doch wer von Kryon erleuchtet ist, der predigt der Welt seine Botschaft und erklärt: «Jeder kann Kryon fühlen.» Der kosmische Kommandant soll übrigens ein Kollege des Erzengels Gabriel sein und irgendwo in der Nähe des Sterns Sirius wohnen.

Starker Tobak – doch Kryon ist ein Star der Esoterikszene. Bücher über den vermeintlichen Herrn des Magnetfeldes erreichen starke Auflagen. Zahlreiche Anbieter verkaufen Nachrichten, die sie von Kryon empfangen haben wollen. In den USA füllt Kryon-Erfinder Lee Caroll große Hallen mit seiner Engelsshow, in Deutschland verkauft er mit großem Erfolg auf den allgegenwärtigen Esoterikmessen seine Bücher.

Kryon ist nur eine der vielen bizarren Blüten des um sich greifenden Irrwitzes aus Esoterik, New Age und Alternativmedizin. Die meisten Angebote provozieren bei unbeteiligten Menschen zu Recht nichts als Kopfschütteln und ungläubiges Staunen. So etwas glauben Menschen? Ja, und das müssen wir anerkennen.

Wir dürfen diesen Menschen nicht das Gefühl geben, sie seien Idioten.

Gerade im Internet ist der Ton in Diskussionen allerdings ziemlich rau. Denn irgendwann tauchen sie immer auf, die Trolle. Ihr Ranzen ist prall gefüllt mit Schmähungen und Beleidigungen – und sie gebrauchen sie, sobald sie sich in eine Diskussion einschalten, die im Kommentarbereich unter einem Text einer Online-Nachrichtenseite oder einem Blog-Beitrag stattfindet. Und was wären die Trolle ohne die Antwort der Gegenseite? Machtlos, denn um sich befreiend auszukotzen, benötigen sie Publikum, das reagiert. Da sich aber kaum ein Mensch zurückhalten kann, wenn er beleidigt worden ist – und sich ganz besonders kein Mensch zurückhalten kann, wenn er seine Gegenbeleidigung im Schutz der Anonymität des Internets zurückfeuern kann, geht es in Online-Foren teils heftig zur Sache.

Man hat den Ton dieser Diskussionen selten alleine in der Hand, doch wem ein Thema am Herzen liegt, der sollte sich tunlichst zusammenreißen. Denn sobald unflätige Worte in den Beiträgen auftauchen, rückt der Inhalt der Diskussion und auch des Beitrags, um den es eigentlich geht, weitgehend in den Hintergrund. Der einzige Effekt, der sich dabei einstellt: Die zornigen Diskutanten ziehen sich gefestigt auf ihren Standpunkt zurück, den sie von Anfang an hatten.

Wissenschaftler um Ashley Anderson vom Center for Climate Change Communication an der George Mason University haben das am Beispiel einer Online-Auseinandersetzung über die Chancen und Risiken der Nanotechnologie geprüft. Die Technik ist umstritten. Es sind noch Fragen offen, wie sich die winzigen Nanoteilchen auf Ökosysteme und die menschliche Gesundheit auswirken können. Anders als etwa die Grüne Gentechnik steht die Nanotechnologie jedoch nicht so im Fokus hitziger Diskussionen – deshalb wählten die Forscher dieses Feld: Die Mehrheit der 2338 Teilnehmer dieser Studie hatte keine explizite Meinung dazu. Die Probanden lasen einen kanadischen Blog-Beitrag, der sich ausgewogen mit den Chancen und Risiken von Nanosilber-partikeln auseinandersetzte – etwa, dass diese antibakteriell wirkten, dafür aber in Gewässern Schäden anrichten könnten.

Dann manipulierten Ashley Anderson und ihre Kollegen den Ton einiger Beiträge im Kommentarbereich, wo der Artikel scheinbar diskutiert wurde. Die Probanden nahmen nicht aktiv an der Diskussion teil, sie lasen die Kommentare nur als stille Be-obachter. Sobald der Ton rüde wurde, beobachteten die Forscher folgenden Effekt: Wer zuvor schon die Meinung hatte, dass die Risiken der Nanotechnologie eher gering seien, schätzte diese sogar noch niedriger ein, wenn im Forum gepöbelt wurde. Und wer die Gefahren zuvor schon hoch bewertet hatte, der verstärkte auch diese Ansicht.

Geschrei hilft nicht, auch in Offline-Auseinandersetzungen. Das klingt nach einer schlimmen Binsenweisheit – denn wer hat je seinen Partner oder Chef von etwas überzeugt, nur weil er lauter, gemeiner und niederträchtiger war als sein Gegenüber? Ruppiger, rüpelhafter Umgang ist in jeglicher Hinsicht kontra-produktiv. Mediziner der Universität Aberdeen haben das zum Beispiel anhand von Operationen gezeigt. Sie wiesen nach, dass ein mieser Umgangston unter Chirurgen, Anästhesisten und weiterem OP-Personal die Fehlerquote erheblich steigen ließ. In einer ähnlichen Studie zeigten Psychologen, dass Studenten in Gedächtnistests und anderen kognitiv fordernden Aufgaben deutlich schlechter abschnitten, wenn sie zuvor miterlebt hatten, wie ein Professor einen Kommilitonen zur Schnecke gemacht hatte. Und beinahe legendär ist ein Fall, bei dem sich die Piloten eines Linienflugs von San Diego nach Minneapolis im Cockpit in die Haare kriegten. Das forderte die Konzentration der streitlusti-gen Flugkapitäne so sehr, dass sie 150 Meilen an ihrem Zielflughafen vorbeischossen. Die Landung glückte anschließend zwar, ein Plädoyer für den lauten Streit war das aber sicher nicht.

Doch die wichtigste Arena, in der verletzende Auseinandersetzungen ausgetragen werden, befindet sich abseits von Operationssälen und Cockpits. Die Rede ist von der Ehe oder wenigstens von eheähnlichen Organisationsformen der Zweisamkeit. Auch hier gilt, dass harte Kritik und ein rüder Ton niemanden überzeugen. Es fliegen einem einfach keine Herzen zu, wenn man dem anderen erklärt, was für ein Schwachkopf er ist. Das haben Psychologen in einer Vielzahl von Untersuchungen belegt: Wenn Partner einander provozieren, verächtlich miteinander sprechen oder allzu harsche Kritik üben, steigt das Trennungsrisiko erheblich. Der amerikanische Beziehungsforscher John Gottman hat diese Ergebnisse in ein Sprachbild geführt: Er spricht von den vier apokalyptischen Reitern. Es handelt sich um die vier Todsünden der Kommunikation zwischen Mann und Frau, die sich eins zu eins auf die Auseinandersetzung mit Starrköpfen übertragen lassen: Kritik, Abwehr, Verachtung, Rückzug.

John Gottman plädiert für eine simple Lösung, die er die 5:1-Regel nennt. Partnerschaften seien besonders stabil, wenn Lob und Kritik in einem Verhältnis von 5:1 stünden. Für jedes harte Wort sollten also fünf nette geäußert werden. Die genauen Zahlen spielen für das Überzeugen von Betonköpfen keine Rolle – sie symbolisieren jedoch, dass harte Kritik mehr zerstört als schmeichelnde Worte aufbauen können. Zugleich steckt in der Formel jedoch auch der Hinweis auf die enorme Wirkung positiven Feedbacks. Das zeigten unter anderem Psychologen, die Abschiedsbriefe von Selbstmördern bewerten ließen.

Die Aufgabe bestand darin, fiktive von echten Schreiben zu unterscheiden. Wie so oft in psychologischen Experimenten ging es aber um etwas ganz anderes. Nachdem die Probanden sämtliche Abschiedsbriefe bewertet hatten, bekamen sie ein Feedback zu ihrer Trefferquote. Die jeweilige Bewertung stand jedoch schon im Voraus fest; die Aufgabe diente nur dazu, einen glaubhaften Rahmen für die Studie zu bieten. Einigen Teilnehmern wurde auf diese Weise suggeriert, sie hätten besonderes soziales Gespür und eine Trefferquote erzielt, die weit über dem Durchschnitt liege. Andere mussten sich das Gegenteil anhören. Schließlich offenbarten die Psychologen ihren Betrug und klärten die Probanden darüber auf, dass die Ergebnisse in keinerlei Beziehung zu ihren tatsächlichen Leistungen standen.

Wurden die Teilnehmer des Experiments aber Wochen später gefragt, wie sie wohl bei einer vergleichbaren Aufgabe abschneiden würden, zeigte sich die langfristige Wirkung des offensichtlich erlogenen Lobs: Wer positives Feedback bekommen hatte, hielt sich im Durchschnitt für besonders kompetent. Und das, obwohl alle Beteiligten wussten, dass sie in einem Schauspiel mitgewirkt hatten, in einem inszenierten Schmierentheater in einer psychologischen Fakultät. In einem weiteren Experiment ließen sich sogar Beobachter anstecken: Obwohl sie selbst nicht an dem Experiment teilgenommen hatten, obwohl sie wussten, dass die Bewertung ohne irgendein Fundament war, trauten sie den gelobten Probanden einige Zeit später besondere Fähigkeiten zu.

Wer Starrköpfe überzeugen will, der sollte sie also loben und in einem guten Licht dastehen lassen. Wie das in der Praxis funktionieren könnte, diskutierten Wissenschaftler in einer Meta-Analyse zur Aids-Prävention. Die Studie zeigte ein bekanntes Muster: Wer sowieso Safer Sex praktizierte, der war auch für Kampagnen empfänglich, die für den Gebrauch von Kondomen warben. Das ist schön, aber überflüssig. Die Selbstvergewisserung gibt Menschen vielleicht ein gutes Gefühl, trägt aber nicht zur Senkung der HIV-Infektionsraten bei. Wichtiger wäre es deshalb, die Menschen zu erreichen, die bisher keine Kondome benutzen, sich so der Gefahr einer Infektion aussetzen und vor allem für andere zum Risiko werden. Da die Gesundheitskampagnen aber dieses Verhalten kritisieren, verweigern sich die Menschen mit Risikoverhalten laut der Studie besonders häufig.

Als Gegenstrategie empfehlen Psychologen deshalb, Menschen mit positivem Feedback zu gewinnen. Viele Menschen, so der Sozialpsychologe Roy Baumeister, empfinden einen inhärenten Drang, ihren Kindern zu helfen. Wenn nun solche Informationskampagnen mit der Aussage argumentierten, dass sie auch der Bildung der Kinder dienen, dann könnte dies die Bereitschaft erhöhen, die Angebote anzunehmen. Das ist zwar ein weniger direktes positives Feedback als in der Studie mit den angeblichen Abschiedsbriefen, aber es weist doch den Weg aus manchen verkanteten Diskussionen. Wer also andere dazu bringt, sich selbst positiv darzustellen, oder ihnen das Gefühl vermittelt, ein guter Mensch zu sein, erzielt weniger heftige Abwehrreaktionen, wenn anschließend Argumente mit der Ideologie des Gesprächspartners in Konflikt geraten.

Vegetarierwitz? Sparen Sie sich solche Scherze, wenn Sie einen Gemüsefreund vom Wert eines kleinen Steaks überzeugen wollen. Veralbern Sie keinesfalls Esoteriker, wenn Sie diese aus den Klauen Kryons befreien und zur Vernunft bekehren wollen. Sie werden Ihnen sonst nicht zuhören. Kritik stößt offene Türen zu. Das Gegenmittel Lob erfordert jedoch einige Meisterschaft im praktischen Einsatz – der Grat zum Schleimer ist schmal. In einer Diskussion mit Klimaskeptikern könnten Sie aber zum Beispiel dessen Engagement und Interesse für das Thema hervorheben und bestätigen, dass da noch große Fragen offen sind, die Wissenschaft viel Arbeit vor sich hat und aus dem Lager der Klimaskeptiker zumindest einige Anstöße kommen könnten. Dann setzen Sie zum großen «Aber» an. Wie Sie allerdings Ihren Partner loben und umgarnen, das müssen Sie schon selber wissen. Sie können sich doch gut in andere Menschen einfühlen, das ist deutlich zu bemerken. Und kaum einen Menschen kennen Sie so gut wie Ihren Partner. Da werden die richtigen Worte von ganz allein aus Ihnen sprudeln, das ist gleich zu spüren – Sie werden das super machen. Ehrlich.

FAZIT:

Loben Sie! Loben Sie den störrischen Starrkopf, selbst wenn es keinen Grund dafür gibt und er Sie zur Weißglut bringt. Bezirzen Sie ihn und vermeiden Sie auf jeden Fall, sich über ihn lustig zu machen. Wenn Sie das mit Ihrem Gewissen nicht vereinbaren können, dann verzichten Sie wenigstens darauf, sich über ihn lustig zu machen.

Mythen sind zäh –
Fülle die Lücke

Die Deutsche Bahn ist ein steter Quell von Ärger. Über kaum etwas regen sich Menschen, nun ja, zumindest die Deutschen, so sehr auf wie über Verspätungen bei Bahnreisen. Und manchmal keimt in einem das Gefühl auf, die Deutsche Bahn unternehme alles, um diese Wut weiterzuschüren. Wer in einer Bahnhofshalle herumlungert und auf seinen Zug wartet, bekommt es gerne mit Lautsprecherdurchsagen zu tun, die auf scheinbar mutwillige Weise unverstehbar sind. Es scheppert, knirscht, hallt – und irgendwo zwischen diesen Lauten leiert eine Stimme Ansagen herunter. Die Wartenden auf den Bahnsteigen blicken sich einander suchend mit einem kollektiven «Häh?» an. Im Zug sind die Durchsagen zwar verstehbar, aber nicht selten ebenso unbefriedigend: Die S-Bahn steht zwischen zwei Haltestellen auf dem Gleis, das Büro zu Beginn des Dienstes zu erreichen verwandelt sich zunehmend in eine Utopie, und dann sagt der Lokführer: «Die Weiterfahrt verzögert sich.» Gemurmel, Wut – was sollen die Fahrgäste mit dieser Information anfangen? Der Lokführer sagt schließlich nichts anders als: «Wir fahren gerade nicht, und das bleibt auch erst mal so.»

Präzise Informationen, die zusammen mit Erklärungen geliefert werden, verhindern diesen Unmut. Wenn es heißt: «Wir verspäten uns wegen einer Baustelle um 15 Minuten», lässt sich damit leben. (Gut, der Deutsche wird trotzdem nörgeln, aber vielleicht nicht ganz so schlimm, wie es sonst seine Art ist.) Oder: «Die Abfahrt verzögert sich voraussichtlich um 15 Minuten, weil wir noch auf den Zug aus Berlin warten, damit die Fahrgäste ihren Anschluss erreichen.» Bitte, warten wir halt, damit diese armen Teufel aus dem anderen Zug auch irgendwann dort ankommen, wo sie hinwollen. Die Lücke ist mit Information sowie einer Erklärung gefüllt – und im letzten Beispiel kann sich der Fahrgast auch noch großzügig und sozial fühlen: Wir warten auf die anderen, wir sind nett.

Über die Bahn lässt sich vortrefflich nörgeln – es lässt sich aber von dem Transportunternehmen lernen. So wie der Lokführer seine Fahrgäste im Falle von Verspätungen mit Erklärungen besänftigen kann, so muss auch dem Starrkopf eine Erläuterung präsentiert werden, wenn man ihm Fehlinformationen austreiben will. Andernfalls ist es schier unmöglich, Gegebenheiten aus dem Geist zu löschen, die sich dort einmal breitgemacht haben.

Denn Mythen sind zäh und klebrig. Sobald Menschen mit ihnen in Berührung kommen, ist es sehr schwer, sie wieder davon zu befreien. Das demonstrierten zum Beispiel die Psychologen Hollyn Johnson und Colleen Seifert. Sie legten Probanden die Schilderung eines Lagerhausbrandes vor. Ein Kurzschluss habe das Feuer ausgelöst, hieß es darin. Die Situation sei schnell außer Kontrolle geraten, weil sich der Brandherd direkt neben einer Kammer befand, in der hochentzündliche Stoffe wie Lacke und Gasflaschen aufbewahrt wurden. Und als die Flammen darauf übergriffen, sei die Lagerhalle kaum mehr zu retten gewesen. Später wurden die Teilnehmer des Experiments explizit darauf hingewiesen, dass der Unfallhergang leider falsch dargestellt worden sei. Zwar habe in der Tat ein Kurzschluss den Brand ausgelöst – doch seien keinesfalls Lacke und Gasflaschen in der Kammer neben dem defekten Elektrokasten gelagert worden. Der Brand habe auch so rasch auf das gesamte Lagerhaus übergegriffen.

Im folgenden Test fragten die Psychologinnen ab, ob sich die Probanden diese Informationen gemerkt hatten. Fast alle gaben an, dass weder Lacke noch Gasflaschen in der Kammer gewesen seien, wenn sie direkt danach gefragt wurden. Die Korrektur der Missinformationen war ihnen also im Gedächtnis geblieben. War das Problem damit aus der Welt? Mitnichten. Wurden die Teilnehmer zum Beispiel gefragt, warum es bei dem Brand eine starke Rauchentwicklung gegeben habe, antworteten viele von ihnen: «Weil Lack und Gasflaschen brannten.» Obwohl sie wussten, dass die Kammer entgegen der ursprünglichen Schilderung leer gewesen war, löschten sie die korrigierten Details nicht aus ihrem Gedächtnis, sondern präsentierten sie in ihren Aussagen als Tatsachen.

Wenn eine Behauptung einmal in die freie Wildbahn entlassen ist, dann ist sie nur schwer wieder einzufangen – zum Beispiel ist in Dutzenden Studien nie ein Hinweis gefunden worden, dass die Masern-Mumps-Röteln-Impfung Autismus auslösen kann. Doch es reicht, dass diese Fehlinformation einmal in der Welt ist, um viele Eltern zu verunsichern. Immer wieder kommt ihnen der vermeintliche Zusammenhang in den Sinn. Das Gleiche passiert, wenn Menschen Gerüchte über andere hören, die anschließend zerstreut werden: Der Klatsch und Tratsch wirkt weiterhin als erster Filter, durch den die Betreffenden wahrgenommen und beurteilt werden. In simulierten Gerichtsverhandlungen haben Psychologen zum Beispiel Folgendes beobachtet: Jemand wird eines Verbrechens bezichtigt. Im Laufe des Prozesses tauchen jedoch Beweisstücke auf, die seine Täterschaft ausschließen. Sämtliche Anschuldigungen werden fallengelassen, die Unschuld des Verdächtigen ist bewiesen. Das Problem ist, dass er dennoch nie ganz reingewaschen werden kann. Selbst wenn einem klar ist, dass Informationen nicht korrekt sind, beeinflussen sie weiterhin das Denken und Handeln. Irgendetwas bleibt immer hängen. Die Teilnehmer an solchen Studien wissen, dass die Verdächtigungen haltlos sind – und behandeln Unschuldige später dennoch als Täter.

Woran liegt das? Menschen basteln sich mentale Modelle von Ereignissen und Zusammenhängen. Und diese bleiben bei Widerlegungen präsent – es sei denn, sie werden durch eine neue Erklärung ersetzt. Besonders hartnäckig nisten sich Fehlinformationen in unserem Kopf ein, wenn sie Bausteine einer Geschichte sind, die aus einer Kette von Kausalitäten besteht. So wie im Falle des Feuers in der Lagerhalle. Als erster Grund wird der Kurzschluss angegeben, dann aber noch ein zweiter: Der Lack und die Gasflaschen sollen die Eskalation des Brandes erklären. Aus dieser Kausalitätskette wird durch die Korrektur auf einmal ein Glied herausgelöst. Das ist ein Problem: Mehrere Studien haben gezeigt, dass die Korrektur einer Fehlinformation nicht automatisch dazu führt, dass die Zuhörer spontan eine neue Interpretation der Ereignisse generieren. Da sie aber unbewusst eine kohärente Erklärung etwa des Lagerhausfeuers aufrechterhalten wollen, werden diese neuen und richtigen Informationen in den Hintergrund gedrängt. Jedenfalls solange keine alternative Erklärung geliefert wird. Die Menschen verhalten sich wie ein Schnäppchenjäger mit Torschlusspanik: Bevor es gleich auf dem Wühltisch gar keine Sonderangebote mehr gibt, schnappt man sich schnell irgendwas – Hauptsache, runtergesetzt. Und so akzeptieren Menschen lieber unsinnige und unlogische Erklärungen, als gar keine zu bekommen.

Eine andere Begründung für die zähe Klebrigkeit von Mythen und korrigierten Fehlinformationen ist die kognitive Leichtigkeit, mit der diese abgerufen werden. Unsinn und Sinn fechten einen steten Streit im Geist der Starrköpfe aus. Und was sich flüssiger abrufen lässt, wird bevorzugt. Weil ein Unsinn meistens erst dann korrigiert wird, wenn er schon durch die Welt und die Köpfe der Menschen vagabundiert, verfügt er über einen Startvorteil. Die Erinnerung daran hat sich bereits gefestigt, er ist Teil einer Geschichte geworden. Der Unsinn kommt einem deshalb oft leichter in den Sinn als die durchlöcherte Geschichte, die nach der Richtigstellung noch übrig ist. Und zwar selbst dann, wenn einem klar ist, dass sich da gerade falsche Gedanken in einem bewegen.

«Wenn man einen Mythos entlarvt, hinterlässt man eine Lücke im Geist seines Gesprächspartners», sagen John Cook und Stephan Lewandowsky. Und diese Lücke muss gefüllt werden. «Um Fehlinformationen effektiv aus der Welt zu schaffen, ist es nötig, alternative Erklärungen für die Phänomene anzubieten, um die es geht.» Wie das funktioniert, zeigen zum Beispiel Studien, in denen fiktive Mordfälle vor Geschworenen verhandelt werden. Die Chance auf einen Freispruch steigt, wenn der Angeklagte nicht nur seine eigene Unschuld zu beweisen versucht. Er muss darüber hinaus einen anderen Täter und eine plausible Version des Tathergangs präsentieren. «Ich war es nicht» reicht nicht aus. Stattdessen muss es heißen: «Ich war es nicht. Es war XYZ. Und er hat das so gemacht.» Das könnte auch für private Auseinandersetzungen hilfreich sein: Etwas nur abzustreiten ist nicht besonders überzeugend. Erzählen Sie stattdessen, wie es wirklich war – aber erfinden Sie bitte keine Märchen.

Wie es funktioniert, wie man eine gute Erklärung liefert, demonstrierte ausgerechnet die Deutsche Bahn während einer Fahrt von Mannheim nach Freiburg. Der Zug stand im Bahnhof von Offenburg. Die Weiterfahrt verzögerte sich, «wegen eines Brückenanfahrtsschadens» lautete die Begründung in der ersten Durchsage. Wovon sprach der Mann? Die Fahrgäste tuschelten, tippten auf Handys herum, blicken streng aus dem Fenster. In der zweiten Durchsage wiederholte der Schaffner abermals das Wort «Brückenanfahrtsschaden», legte eine Pause ein und ergänzte: «Das heißt, ein Lastwagen ist gegen eine Brücke gefahren, über die wir mit unserem Zug müssen, und jetzt muss erst geprüft werden, ob die Brücke es aushält, wenn wir mit dem ICE drüberfahren.» Es kann so einfach und so verstehbar sein – wenn eine Erklärung für einen Vorgang geboten wird. Das schließt Informationslücken im Geist, schafft Fehlinformationen aus der Welt und kann sogar deutsche Bahnreisende besänftigen. Die Stimmung im Zug entspannte sich nach der zweiten Durchsage deutlich.

FAZIT:

Selbst wenn wir wissen, dass eine Aussage falsch ist, beeinflusst sie unser Denken und Handeln. Diese klebrigen Fehler lassen sich nicht einfach aus der Welt schaffen, indem sie als falsch entlarvt werden. Das hinterlässt mentale Lücken, die sich erst schließen, wenn die Korrekturen mit alternativen Erklärungen der Wirklichkeit geliefert werden – und kaum etwas ist so überzeugend wie kausale Zusammenhänge.

Die Macht des Einzelfalls

Singuläre Begebenheiten sind für Methodiker und Statistiker ein rotes Tuch. Sie werden als Anekdoten abgetan – als bloße Sonderfälle, aus denen sich wenig bis nichts über allgemeine Zusammenhänge ableiten lässt. Damit haben diese Anwälte der Wissenschaftlichkeit natürlich recht. Stellen wir uns ein hypothetisches Beispiel vor: Ein dreijähriges Mädchen fällt auf dem Spielplatz von der Schaukel und prallt auf die Knie. Der Sturz sah dramatisch aus, das Mädchen weint, der Mutter ist ein mächtiger Schock durch die Glieder gefahren. Die Hose des Kindes ist am Bein gerissen, aber sonst scheint alles in Ordnung: keine Schürfwunden, nur die Haut an den Knien ist ein bisschen gerötet. Eine befreundete Mutter bietet trotzdem homöopathische Kügelchen an. Sie schwöre auf Arnika, sagt sie, die Globuli sorgten dafür, dass sich keine blauen Flecken bilden. Für diese Behauptung gibt es keine wissenschaftlichen Belege, aber auf Spielplätzen in deutschen Großstädten wird sie in Variationen immer wieder aufgestellt.

Gehen wir für unser Beispiel davon aus, dass sich an den Knien des Mädchens tatsächlich keine blauen Flecken bilden. Womöglich überzeugt das die Mutter, dass die Globuli tatsächlich geholfen haben. Wer wissenschaftlich denkt, wird an dieser Stelle gute Einwände anführen. Es kann viele Gründe haben, dass keine blauen Flecken aufgetaucht sind: Vielleicht wäre es sowieso nicht dazu gekommen; vielleicht sah der Sturz dramatischer aus, als er war; vielleicht hat der Stoff der Hose einen Bluterguss verhindert. Wer weiß? Es existieren zahlreiche Möglichkeiten, die alle eine

Wirksamkeit der Kügelchen ausschließen würden. Eine Diskussion darüber wird sich nun jedoch schwierig gestalten. Unsere hypothetische Mutter ist wahrscheinlich überzeugt, dass sie die Wirkung selbst miterleben konnte. Sie hat ihrer Tochter Globuli gegeben, und voilà – am Knie ist kein Bluterguss zu sehen. Für sie ist der Beweis erbracht, Ende der Diskussion, da braucht keiner mit Studien oder Statistiken zu kommen.

Der Methodiker und Statistiker wendet an dieser Stelle zu Recht ein, dass eine einzige Beobachtung keine Aussage über die Wirksamkeit der Globuli zulässt. Um den Zufall auszuschließen, müsste es Hunderte, Tausende solcher Beobachtungen geben. Wenn sich dann bei allen oder fast allen keine Blutergüsse bilden, sieht die Sache anders aus, das könnte als Beweis zählen. Erst aus vielen unabhängigen Beobachtungen lassen sich belastbare Schlussfolgerungen ziehen. Wer zum Beispiel eine Münze wirft und Kopf trifft, kann daraus auch nicht ableiten, dass dies bei jedem Wurf geschehen wird. Auch wenn er dreimal hintereinander wirft und jedes Mal Kopf trifft, ist das kein Beleg, dass die Wahrscheinlichkeit für Kopf höher ist. Erst nach sehr, sehr vielen Würfen lässt sich der Zufall ausschließen. Dann wird sich zeigen, dass die Wahrscheinlichkeit für Kopf bei 50 Prozent liegt. Dahinter steckt das Gesetz der großen Zahl.

Jetzt kommt der Haken: Mit diesem – zugegebenermaßen extrem vereinfachten – Beispiel wird man niemanden überzeugen. Statistiken liefern belastbare Erkenntnisse, aber sie überzeugen nicht. Einzelne Begebenheiten liefern keine gültigen Erkenntnisse, aber sie überzeugen Menschen dummerweise. Das zeigten mehrere Studien, die aufeinander aufbauten.

Der Mann erzählte von Problemen. Es falle ihm sehr schwer, sich in der neuen Stadt einzuleben. Er fühle sich oft einsam und finde kaum Kontakt zu anderen Menschen, sagte er. Dann veränderte sich sein Tonfall. Offensichtlich war ihm peinlich, was er nun berichtete. Besonders in Stresssituationen passiere es: Regelmäßig erleide er epileptische Anfälle, die teils sehr heftig ausfielen. Der Mann war einer von jeweils sechs Probanden, die an einem Versuch teilnahmen, den die Psychologen John Darley und Bibb Latane in New York mehrmals durchführten. Alle sechs saßen in getrennten Kabinen, konnten einander nicht sehen und waren aufgefordert worden, über ihr Privatleben und ihre Probleme zu reden. Sie sprachen in ein Mikrophon, das ihre Worte in die anderen Kabinen übertrug. Sobald jemand fertig war, wurde sein Mikrophon abgeschaltet und das des nächsten Sprechers aktiviert. So konnte stets nur einer reden, während die anderen gezwungen waren, zuzuhören.

Der junge Mann, der von seinen epileptischen Anfällen erzählte, war als Erster an der Reihe gewesen. Dann sprachen nacheinander die anderen fünf. Als der einsame Epileptiker wieder dran war, eskalierte die Situation. Er schien außer sich vor Angst, er fürchtete, dass ihn gleich ein epileptischer Anfall niederstrecken würde, und bat um Hilfe. Dann fing er an zu stottern, er flehte um Hilfe. «Ich sterbe», stammelte er mehrmals, die anderen Probanden hörten Würgegeräusche. Auf einmal herrschte Stille.

Würden ihm die anderen fünf Teilnehmer der Runde helfen? Um das herauszufinden, hatten John Darley und Bibb Latane das vermeintliche Unglück inszeniert: Der Mann hatte keinen epileptischen Anfall erlitten, sondern ein Skript vorgelesen, das ihm die Psychologen gegeben hatten. Diese Aufgabe hatte er ziemlich überzeugend erfüllt, doch die anderen fünf zögerten, ihm zu Hilfe zu kommen. Das Ergebnis der Studie liefert einen weiteren Beleg für den sogenannten Zuschauereffekt: Werden mehrere Menschen Zeugen eines Unglücks, dann sinkt die Wahrscheinlichkeit, dass sie Hilfe anbieten. Es könnte ja einer der anderen Anwesenden die Unannehmlichkeit auf sich nehmen, das Opfer eines epileptischen Anfalls oder etwa eines Überfalls zu versorgen. So steht man da, zögert, wartet, dass einer der anderen den ersten Schritt macht, oder entzieht sich der Situation ganz.

So war es auch in der getürkten Situation im Labor. Der Hilferuf des Epileptikers war dramatisch gewesen. Die Probanden in den anderen Kabinen mussten davon ausgehen, dass es wirklich um Leben und Tod ging, dass jeder Augenblick zählte. Aber nur vier von insgesamt 14 Teilnehmern (das Experiment wurde mehrmals wiederholt) standen sofort auf, um Hilfe anzubieten. Fünf Probanden verließen ihre Kabine erst nach teils sehr langen Wartezeiten, um nach dem Opfer zu sehen. Und sechs der Teilnehmer blieben die ganze Zeit über auf ihrem Stuhl sitzen und rührten sich nicht vom Fleck. Sie fühlten sich offenbar von der Verpflichtung zu helfen entbunden, weil andere den Hilferuf ja schließlich auch gehört hatten – ein Fall von Verantwortungsdiffusion, wie es Psychologen auch formulieren.

Wie aber reagieren Menschen, wenn sie dieses Experiment geschildert bekommen? Was schießt Ihnen jetzt in diesem Moment durch den Kopf? Fast jeder ist überzeugt, dass er selbst natürlich sofort von seinem Stuhl aufgesprungen und dem Opfer zu Hilfe geeilt wäre. Mit anderen Worten: Wir sind uns sicher, dass wir zu den wenigen Probanden gezählt hätten, die dies getan haben. Das Ergebnis der Studie ignorieren wir. Es fühlt sich einfach nicht so an, als ob das uns beträfe – wir wissen doch, dass wir anständige Menschen sind, nicht wahr? Und das ist der springende Punkt: Was zählen Ergebnisse, die sich in Zahlen, in Statistiken ausdrücken? Elf von 14 Menschen helfen gar nicht oder erst nach sehr langer Zeit. Lernen wir aus diesen Daten? Oder bleiben sie abstrakt, selbst wenn einem intellektuell bewusst ist, dass sich daraus auf grundsätzliche menschliche Verhaltensweisen schließen lässt?

Die ernüchternde Antwort ist: Wir lernen gar nichts daraus. Wir verharren bei unserem Selbstbild und unserer Meinung – genau so, wie die Mutter auf dem Spielplatz weiter an die Wirkung der Globuli glauben würde, legte man ihr Zahlen und Fakten vor, die das Gegenteil zeigen. Zu diesem Schluss kamen die Psychologen Richard Nisbett und Eugene Borida von der Universität Michigan. Sie stellten sich die Frage, ob Studenten der Psychologie aus dem geschilderten Experiment zur Verantwortungsdiffusion etwas lernten – immerhin sollte man davon ausgehen, dass Studenten eines Faches dessen Inhalte verinnerlichen und dass Psychologie-Studenten tatsächlich etwas über menschliches Verhalten lernen sollten.

Nisbett und Borida zeigten ihren Probanden dazu ein Interview mit zwei Personen, die angeblich an der Studie in New York teilgenommen hatten. Die beiden redeten ausschließlich belangloses Zeug: über ihre Hobbys, ihre Pläne und ähnliche Dinge, die keine Rückschlüsse auf ihr Verhalten während des Experiments zuließen. Sie schienen schlicht nette, normale Menschen zu sein. Die Testteilnehmer wurden in zwei Gruppen geteilt; einer Gruppe wurde nur das Experiment ohne die Ergebnisse geschildert, der anderen auch der Ausgang mitgeteilt. Dann sollten sie sagen, ob die zwei interviewten Personen damals zu Hilfe geeilt waren oder ob sie sich aus der Verantwortung gestohlen hatten. Die Überlegung der Psychologen: Wer die Ergebnisse nicht kannte, würde seine Einschätzung ausschließlich anhand seines persönlichen Eindrucks von den beiden angeblichen Probanden angeben. Wer sie hingegen kannte, der müsste seine Einschätzung entsprechend anpassen. Die Mehrzahl der Teilnehmer am Experiment mit dem vermeintlichen Epileptiker hatte schließlich nicht geholfen. Das heißt, die Wahrscheinlichkeit, dass die zwei gefilmten Personen auch nicht geholfen hatten, war aus statistischen Gründen höher als die Möglichkeit, dass sie geholfen hatten.

Zogen die Probanden von Richard Nisbett und Eugene Borida das in Betracht? Zeigten sie dadurch, dass ihnen die Statistik eine Lehre gewesen war und nicht nur der persönliche Eindruck zählte? Die ernüchternde Antwort lautet: nein. Beide Gruppen gaben fast deckungsgleiche Einschätzungen ab. Weil die zwei interviewten Personen in den Videoaufzeichnungen freundlich und normal wirkten, glaubten die meisten, dass die beiden sicher zu Hilfe geeilt wären. Die Ergebnisse eines psychologischen Experiments brachten nicht einmal Studenten der Psychologie dazu, ihr intuitives Urteil zu überdenken. Sie hatten sie zwar wahrgenommen, aber nicht begriffen – als ob das alles nichts mit der Wirklichkeit und ihrem Leben zu tun gehabt hätte. «Menschen, denen erstaunliche statistische Tatsachen über das menschliche Verhalten beigebracht werden, mögen so beeindruckt sein, dass sie ihren Freunden davon erzählen, aber dies bedeutet nicht, dass sich ihr Verständnis der Welt wirklich verändert hat», kommentiert Daniel Kahneman.

Was tun? Gibt es eine Möglichkeit, die Ergebnisse von Studien selbst Starrköpfen so näherzubringen, dass sie diese nicht nur als Zahlenwerk betrachten, sondern tatsächlich deren Inhalt und deren Konsequenzen begreifen? Richard Nisbett und Eugene Borida entdeckten in einem weiteren Experiment einen Weg. Einen Weg, der Statistiker und die Fans wissenschaftlicher Methodik vor Schreck blass werden lässt: Der Einzelfall überzeugt. Anekdoten lassen Starrköpfe weich werden. Die Psychologen konfrontierten weitere Probanden mit dem Interview der beiden freundlichen Personen. Wieder schilderten sie den Teilnehmern den Ablauf des Experiments mit dem angeblichen Epileptiker. Die Ergebnisse verschwiegen sie diesmal jedoch. Stattdessen räumten sie ein, dass die zwei netten Menschen aus dem Film nicht geholfen hätten. Dann baten sie ihre Probanden, zu schätzen, wie das Ergebnis der ursprünglichen Studie zur Verantwortungsdiffusion ausgefallen war. Waren die zwei freundlichen Typen, die einem Menschen in Not Hilfe verweigert hatten, eine Ausnahme oder doch die deprimierende Regel?

Die Schätzungen lagen nun ziemlich nah an den tatsächlichen Ergebnissen. Daten und Statistik hatten die Psychologie-Studenten nicht beeindruckt. Vielmehr war es der überraschende Einzelfall, der sie verstehen ließ: Helfen schon zwei so nette und normale Menschen nicht, wenn ein anderer in großer Not ist, dann werden wahrscheinlich ziemlich viele Personen in dieser Situation genauso handeln. Sie verallgemeinerten einen Spezialfall und lernten das, was ihnen Statistik und Daten nicht beibringen konnten. Nisbett und Borida fassen das Ergebnis ihrer Studie folgendermaßen zusammen: «Der Unwille der Probanden, das Besondere aus dem Allgemeinen abzuleiten, reichte allenfalls an die Bereitwilligkeit heran, mit der sie aus dem Besonderen das Allgemeine folgerten.»

Für die Auseinandersetzung mit Starrköpfen heißt das: Wir verlassen uns stark auf Eindrücke, die wir in überraschenden Einzelfällen gesammelt haben. Und sobald wir über diese Einzelfälle eine Meinung zu einem Thema gebildet haben, sinkt die Motivation gegen null, unsere Ansichten mit Daten abzugleichen. Widersprechen statistische Informationen unserer Meinung, dann tun wir sie rasch als wertlos ab. Im Zweifelsfall zählt für uns alle der persönliche Eindruck.

Auf große Mengen und Zahlen reagieren wir hingegen mit enormer Blindheit. Das zeigte zum Beispiel William Desvousges in einem Versuch nach der Ölkatastrophe, die durch die Havarie des Tankers *Exxon Valdez* vor Alaska ausgelöst worden war. Die Probanden sollten angeben, welchen Betrag sie spenden würden, um Seevögel vor dem Tod im Ölteppich zu retten. Die Teilnehmer des Experiments wurden in mehrere Gruppen aufgeteilt, denen jeweils nur eine Frage gestellt wurde. Der Wissenschaftler variierte die Zahl der Seevögel, die durch die zu finanzierenden Maßnahmen gerettet werden sollten: 2000, 20 000 oder sogar 200 000 Tiere. Unter ökonomischen oder logischen Gesichtspunkten sollte es eine größere Spende wert sein, 200 000 Vögel zu schützen als nur 2000. Tatsächlich unterschieden sich die angebotenen Beträge in den verschiedenen Probandengruppen fast nicht. 2000 oder 200 000 – die Zahlen blieben abstrakt. Stattdessen reagierten jene Probanden mit großzügigen Spenden, die Bilder einzelner, ölverschmierter Vögel betrachteten. Diese Einzelfälle motivierten zu Spenden, nicht aber große Fallzahlen.

Ein vergleichbares Ergebnis erzielte der Psychologe Paul Slovic in einem ähnlichen Versuch. Er prüfte die Spendenbereitschaft von Menschen für ein vom Hunger geplagtes Land in Afrika. Der einen Hälfte der Probanden zeigte er das Bild eines abgemagerten Mädchens, das mit flehendem Blick direkt in die Kamera blickte. Das Kind trage den Namen Rokia und stamme aus Malawi, teilte Slovic mit. Statistiken zur Situation in ihrem Land lieferte er nicht. Den anderen Teilnehmern sagte der Psychologe hingegen, dass in dem Land drei Millionen Kinder an Unterernährung litten und die Situation dramatisch sei. Das Foto des Mädchens enthielt er ihnen vor. Der Unterschied zwischen beiden Gruppen war deutlich: Wer das Bild der hungernden Rokia gesehen hatte, spendete im Schnitt doppelt so viel wie diejenigen, die vom Leid der drei Millionen namenloser Kinder gehört hatten. Das Leiden eines Individuums ruft starke emotionale Reaktionen hervor. Das Leiden Tausender Menschen oder Tiere hält da nicht mit. Es besteht schließlich auch ein Unterschied, ob man über «die Männer» oder «die Frauen» schimpft oder über einen Mann beziehungsweise eine Frau. Anders ausgedrückt: Man kann alle Männer blöd finden und gleichzeitig einen lieben. Oder umgekehrt. Hass und Liebe – starke Gefühle – konzentrieren sich auf einzelne Personen. Man kann auch eine Nation verachten und sich in einen Menschen aus diesem Land verlieben.

Ein weiteres Beispiel: In Südafrika starben etwa 365 000 Menschen an Aids, weil ihnen wirksame antiretrovirale Medikamente vorenthalten wurden. Überzeugt das einen Zweifler vom Wert dieser Arzneien? Wer weiß? Größere Wucht hat sicher die Geschichte von Winstone Zulu aus Sambia. Seine HIV-Diagnose war wie ein K. o.-Schlag. Doch Winstone Zulu richtete sich wieder auf und kämpfte um sein Leben und um das von Schicksalsgenossen. Er war 1990 der erste HIV-positive Mann, der sich in seinem Heimatland Sambia öffentlich zu seiner Infektion bekannte. In Südafrika machte er sich als Aids-Aktivist einen Namen und kam irgendwann in Kontakt mit dem Gedankengut der Aids-Leugner. Er ließ sich überzeugen und setzte seine Medikamente ab.

Seine Entschlossenheit wankte jedoch, als sich sein Gesundheitszustand nach einiger Zeit dramatisch verschlechterte. Pilzinfektionen schwächten seinen Körper und setzten seinem erschöpften Immunsystem zu. Er war so müde, dass er nicht mehr laufen oder aufstehen konnte. Winstone Zulu litt damals bereits an einer Tuberkulose. In dieser Zeit erkannte er, dass er einem Irrtum, einer Lüge geglaubt hatte. Er wandte sich von der Ideologie der Aids-Leugner ab und nahm wieder antiretrovirale Medikamente, um seine HIV-Infektion in Schach zu halten. Rasch erholte er sich. Fortan kämpfte er für die Anliegen der Kranken und gegen die Lügen der Aids-Leugner – und berichtete von seinem persönlichen Einzelfall.

FAZIT:

Für große Zahlen und statistische Informationen sind Menschen blind. Wir lernen vor allem nichts daraus. Setzen Sie auf die emotionale Wucht des Einzelfalls.

EIN TRAGISCHER SCHLUSS?

Wird die Welt eines Tages dank der Forschung von Psychologen und dem effektiven Umgang mit Starrköpfen ein Hort der Wahrheit und der Vernunft? Vergessen Sie es, der Strom an Mythen, Irrglauben und Missinformationen wird niemals enden. Doch gibt uns die Wissenschaft Wegweiser in die Hand, mit denen sich Starrköpfe zumindest erreichen lassen. Die wichtigste Faustregel lautet: Die Fakten sind nicht so wichtig, wie es scheint. Die Emotionen entscheiden – damit wir etwas glauben, muss es sich wahr anfühlen, und das ist von Fakten weitgehend unabhängig. Das ist Teil des Problems und Teil der Lösung. Denn wenn wir verstehen, warum Menschen an Mythen glauben, dann können wir uns auch der Aufgabe stellen, diese aus der Welt zu schaffen; dann können wir auch richtig mit Starrköpfen diskutieren. Und eines ist sicher: Der Werkzeugkasten der Psychologie wird immer wieder vonnöten sein. Denn kein Anlass ist zu tragisch, um diesen nicht für das eigene Anliegen zu missbrauchen und neue wahnwitzige Ideen in die Öffentlichkeit zu tragen. Das glauben Sie nicht? Dann lesen Sie die folgende Geschichte.

Am Morgen des 14. Dezember 2012 erschoss Adam Lanza seine Mutter mit vier Kugeln, die er ihr in den Kopf feuerte. Dann setzte sich der 20-Jährige mit einem halbautomatischen Sturmgewehr, zwei Pistolen, Munition und einer schusssicheren Weste in sein Auto und fuhr zu der etwa acht Kilometer entfernten Sandy-Hook-Grundschule in seinem Heimatort Newton, Connecticut. Lanza verschaffte sich Zutritt, indem er auf die versperrte Eingangstür feuerte, bis sie sich öffnen ließ. Dann erschoss er sechs Lehrerinnen sowie zwölf Mädchen und acht Jungen im Alter von sechs bis sieben Jahren. Er durchsiebte seine Opfer förmlich. Im Körper eines getöteten Sechsjährigen zählten die Rettungshelfer elf Schusswunden. Fünf der getöteten erwachsenen Frauen hatten sich laut Augenzeugen vor die Schulkinder gestellt, um diese zu schützen. Adam Lanza zeigte keine Gnade.

Er beendete die grausame Bluttat erst, indem er die Waffe gegen sich selbst richtete.

Die Tragödie von Newton schockte Amerika und die ganze Welt. «Wir haben in den vergangenen Jahren zu viele dieser Tragödien durchgemacht», sagte Barack Obama in einer Fernsehansprache. Der US-Präsident kündigte Konsequenzen an. In manchen Bundesstaaten der USA kann man fast so leicht eine Schusswaffe kaufen wie eine Kiste Bier. Das Recht auf privaten Waffenbesitz gilt vielen Amerikanern als quasi heilig; es sei von der Verfassung geschützt, argumentieren sie. Nach dem Blutbad von Newton schnellten die Waffenverkäufe kräftig in die Höhe, da viele Menschen fürchteten, die Gesetze würden nun verschärft und zum Beispiel der Besitz großer Magazine oder halbautomatischer Sturmgewehre, wie Adam Lanza eines benutzte, reglementiert.

Die Tragödie an der Sandy-Hook-Grundschule löste eine breite und erbittert geführte Debatte aus – und rief auch Verschwörungstheoretiker auf den Plan, die eine ganz eigene Version der Geschehnisse verbreiteten. Das Massaker habe niemals stattgefunden, behaupteten sie, es habe sich um eine Inszenierung gehandelt, bei der Schauspieler Opfer und Täter gemimt hätten. In einer anderen Version des Wahnsinns hieß es, die Kinder und die Lehrerinnen seien tatsächlich getötet worden, allerdings im Auftrag der Regierung oder auf Befehl der Anführer einer jüdischen Weltverschwörung. Das Ziel der Aktion sei klar, ereiferten sich die Anhänger dieser Verschwörungstheorien: Die Regierung brauche einen Vorwand, um dem Volk seine Waffen zu entwenden. Denn dann könnten sie, die jüdischen Verschwörer oder wer auch immer, es endlich unterjochen und unterdrücken. Schließlich könne sich ein unbewaffnetes Volk nicht wehren. Angesichts der Tragödie von Newton schnürt es einem den Hals zu, wenn man diesen Unsinn liest.

Aus dem Blickwinkel der Psychologie ist das Denken hinter diesem Wahnwitz zumindest analysierbar: Wenn einer der Ihren, also ein Besitzer eines Sturmgewehrs, kleine Kinder und Lehrerinnen niederschießt, ist es schwer, vor sich und anderen zu rechtfertigen, warum man trotzdem als Privatperson eine Kriegswaffe besitzen muss. Um diese kognitiven Dissonanzen aufzulösen und sich weiterhin als guter Mensch zu fühlen, muss der Besitz solcher Waffen also einem höheren Zweck, einer guten Sache dienen – in diesem Fall der Verteidigung der Freiheit. So kann selbst ein Massaker an Grundschülern als Argument für den freien Zugang zu Waffen umgedeutet werden und als Bestätigung der eigenen Weltsicht dienen. Und die Waffenbesitzer brauchen nicht darüber nachzudenken, ob sie ihren Standpunkt nicht doch revidieren müssten.

Der Nachschub an Mythen wird niemals enden. In den vergangenen Jahren hat sich der Strom allenfalls verstärkt. Seth Kalichman hat das in seinem Buch über Aids-Leugner in einem schönen Bild zusammengefasst: Für die Verbreitung des Mythos von der Aids-Lüge habe das Internet das geleistet, was transkontinentale Flugverbindungen einst für die Verbreitung des Virus geleistet haben. Über das Internet sind Verschwörungstheorien und unsinnige medizinische Informationen oft leichter zugänglich als wirkliche Wissenschaft. Doch es regt sich Widerstand. Forscher passen ihre Kommunikationsstrategien an, Psychologen beschäftigen sich weltweit mit der Frage, wie mit Fehlinformationen effektiv umzugehen ist – und die Techniken aus diesem Buch helfen hoffentlich im privaten Umgang mit Starrköpfen.

Wie sollte man also mit jemandem umgehen, der den Sandy-Hook-Verschwörungstheorien zuneigt? Wir sollten ihn ernst nehmen, ihm keine Vorwürfe machen. Wir sollten die Idee der Verschwörung selbst so wenig wie möglich erwähnen, sondern so oft wie möglich die Fakten wiederholen. Wir sollten die Geschichte von Adam Lanza erzählen, der seine Mutter erschoss, der sechs Lehrerinnen und 20 kleine Kinder hinrichtete – und dabei so viel wie möglich erklären, sodass wenige Lücken in der Geschichte bleiben. Lassen wir die Fakten sprechen und die Mythen schweigen.

Dabei hilft es, sich der Denkprozesse bewusst zu sein, die der Verbreitung von Irrglauben auf die Sprünge helfen. Doch seien Sie sich eines weiteren Stolpersteins bewusst: Als Beobachter fallen uns ständig Indizien für all diese kognitiven Verzerrungen bei unseren Mitmenschen auf. Bei einem selber (ja, das gilt auch für den Autor) sieht man da leider weniger klar: Man ist wie ein Blinder, dem das Wissen über die eigene Blindheit schließlich auch nicht das Augenlicht schenkt.

Wir lassen uns allzu leicht täuschen. «Zählen Sie die Pässe, die sich die Spieler mit den weißen Hemden gegenseitig zuspielen. Ignorieren Sie die Spieler in den schwarzen Trikots.» Diese Anweisung gab der Psychologe Daniel Simons von der Universität Illinois seinen Probanden, bevor sie sich ein Video von einem Basketballspiel ansahen. Die Teilnehmer zählten artig, wie oft der Ball hin und her gespielt wurde – und merkten in der Mehrzahl nicht, dass während des Spiels ein Mann im Gorillakostüm zwischen die Spieler schlurfte, sich auf die Brust trommelte und dann aus dem Bild ging.

Nun legte Simons gemeinsam mit seinem Kollegen Christopher Chabris vom Union College in New York noch einmal nach: Menschen entgehen sogar dann extrem offensichtliche Details und Begebenheiten, wenn sie eine Überraschung erwarten. Die Psychologen zeigten ihren Probanden abermals einen Gorillafilm. Die Hälfte der Testpersonen wusste, dass gleich ein Mann im Affenkostüm auftauchen würde. Niemand von ihnen übersah den Gorilla, dafür entgingen 83 Prozent der Probanden nun andere Details. So verließ einer der drei schwarz gekleideten Basketballspieler das Bild, als der Gorilla auftauchte. Zudem veränderte sich die Farbe des Vorhangs, vor dem die Spieler standen. Der Mensch lasse sich sogar dann hereinlegen, wenn er wisse, dass dies gleich geschehe, kommentiert Simons.

Das klingt alles wenig ermutigend für die Mission Mythenverringerung. Doch es kann funktionieren. Es klingt nach ekliger Besserwisserei und Klugscheißerei: Wenn wir uns unserer eigenen Fehler schon nicht bewusst sind, dann machen wir die anderen wenigstens auf ihre Fehler aufmerksam.

Aber ist nicht jeder für sich selbst verantwortlich? Warum sich an den Irrtümern und der Sturheit anderer abarbeiten? Weshalb will dieses Buch unbedingt zeigen, wie Mythen und Fehlinformationen aus der Welt zu schaffen sind?

Es geht um mehr, als nur recht zu behalten – und es geht schon gar nicht darum, anderen zu beweisen, dass sie Idioten wären. Es mag sich pathetisch überhöht anhören, aber funktionierende Demokratien sind darauf angewiesen, dass ihre Bürger gut und vor allem richtig informiert sind. Wenn eine nennenswerte Zahl von Bürgern aber an Ansichten festhält, die allen Fakten widersprechen, dann werden sowohl auf gesellschaftlicher als auch auf individueller Ebene Entscheidungen getroffen, die dem Wohl und dem Interesse der Menschen nicht entsprechen.

Wenn zum Beispiel die Mehrheit der Bürger eines Staates den

Klimawandel für eine Erfindung oder Lüge hält, dann wird sich die Politik dieses Staates wahrscheinlich Maßnahmen gegen die globale Erwärmung verweigern. «Fehlinformationen behindern das öffentliche Engagement gegen den Klimawandel in starkem Ausmaß», sagte Edward Maibach dem Magazin *Scientific American*. Der Direktor des Center for Climate Change Communication an der George Mason University veröffentlichte 2011 im Fachmagazin *Nature Climate Change* eine Studie mit besorgniserregendem Inhalt: Die Mehrheit der Amerikaner war demnach der Meinung, dass die Existenz des vom Menschen verursachten Klimawandels in der Wissenschaft noch umstritten sei. In der Forschung herrscht jedoch seit langem ein überwältigend klarer Konsens darüber, dass der Mensch das Klima auf der Erde verändert.

Und wenn Eltern glauben, eine Impfung könne Autismus auslösen, dann werden sie sie ihrer Tochter oder ihrem Sohn vorenthalten – und die Kinder damit dem Risiko einer mitunter gefährlichen Krankheit aussetzen. «Impfmüdigkeit» ist zum feststehenden Begriff geworden, und regelmäßig gibt es Nachrichten über Ausbrüche von Masern oder anderen potenziell gefährlichen Krankheiten, die schon längst hätten ausgerottet sein können. Im Frühjahr 2013 warnten die Behörden in Süddeutschland vor einer drohenden Masernepidemie, die Zahl der Infektionen war im Vergleich zum Vorjahr drastisch gestiegen.

Solche Irrlehren haben auch etwas mit unseren modernen Gesellschaften zu tun. Der Forscher Gary Ostrander schreibt im Fachjournal *Cancer Research*: «Der gewachsene Einfluss der elektronischen Medien hat den potenziellen Schaden pseudowissenschaftlicher Angebote erhöht. Früher wären solche Dinge belächelte Randphänomene gewesen, heute haben sie sich in potenziell schwerwiegende gesellschaftliche und ökologische Probleme verwandelt.» In seinem Beitrag beschäftigt er sich mit wirkungslosen alternativen Krebstherapien und gelangt zu einem eindeutigen Fazit: Dass solche Präparate erfolgreich verkauft würden, bedeute ein Versagen der ganzen Gesellschaft, mit den Auswüchsen der Pseudowissenschaft umzugehen.

Es sind also jede Menge Fehlinformationen und Mythen in der Welt – und wir schenken diesen viel zu häufig Glauben. Das ist der Kern des Problems. Denn schlechte Entscheidungen treffen wir oft deshalb, weil wir auf *falsches* Wissen vertrauen. Auf Basis von Unwissen kann es zwar auch passieren, dass wir eine miserable Wahl treffen – etwa, wenn wir einen Kinofilm ansehen, von dem wir gar nichts wussten und der uns nicht gefällt. Aber Unwissen und Ignoranz dienen nicht als Begründung für gefährliche Irrtümer und Ideologien. Niemand sagt: «Ich habe keine Ahnung von Impfstoffen und mich noch nie damit beschäftigt – deswegen sind Immunisierungen böse und gefährlich.» Die Thesen Andrew Wakefields hingegen liefern die Rechtfertigung für einen Anti-Impfungs-Kreuzzug. Wer dessen Fehlinformationen Glauben schenkt, der trifft falsche Entscheidungen und ermuntert womöglich andere Menschen, es ihm nachzutun.

Es werden neue Mythen nachwachsen, aber dass die alten wieder verschwinden können, zeigt die Geschichte des Tabaks. Bis in die späten 1950er Jahre galt Tabak noch als harmlos. Es durfte mehr oder weniger überall geraucht werden, und in den USA traten sogar Ärzte in der Werbung auf, die die medizinischen Vorteile des Rauchens beschworen. Der Tabakkonzern RJ Reynolds warb in den Jahren nach dem Zweiten Weltkrieg in einer Kampagne mit dem Slogan «Die meisten Ärzte rauchen Camel statt andere Marken». Der Konkurrent American Tobacco behauptete im Jahr 1930 in einer typischen Anzeige, dass ihr spezieller Herstellungsprozess den Rachen des Rauchers vor Irritationen schütze und Hustenreiz verhindere. Auf dem Bild war ein weiß-haariger Herr mit Brille und Arztkittel zu sehen – einer der angeblich 20 679 Mediziner, die laut Anzeige die wohltuende Wirkung von Lucky-Strike-Zigaretten bezeugt hatten.

Als die ersten Studienergebnisse auftauchten, wonach Rauchen Krebs und eine ganze Reihe weiterer hässlicher Krankheiten verursacht, entspann sich ein Informationskrieg von mehreren Jahrzehnten Dauer. Die Tabakindustrie bezahlte falsche Experten, um Zweifel an der Gefährlichkeit von Tabak zu schüren. Es dauerte, aber am Ende setzten sich nach langen, zähen Auseinandersetzungen die Fakten durch. Heute müssen wir nicht mehr über die Gefahren von Tabak diskutieren und ziehen die Konsequenzen – etwa durch Rauchverbote in öffentlichen Räumen.

Ein ermutigendes Beispiel, dem hoffentlich weitere folgen werden. Trotzdem werden uns Fehlinformationen, Irrglauben und Mythen erhalten bleiben – und das ist gefährlicher als bloßes Unwissen. Das letzte Wort gebührt dem Schriftsteller Mark Twain, denn der hat es auf den Punkt gebracht: «Nicht das, was Du nicht weißt, bringt Dich in Schwierigkeiten. Sondern das, was Du ganz sicher weißt und das falsch ist.»

Literatur

Ariely, D.: Denken hilft zwar, nützt aber nichts. Warum wir immer wieder unvernünftige Entscheidungen treffen. München 2008.

Ariely, D.: Fühlen nützt nichts, hilft aber. Warum wir uns immer wieder unvernünftig verhalten. München 2010.

Alter, A. / Oppenheimer, D.: Prediciting short-term stock fluctuations by using provessing fluency, in: PNAS, online, 2006.

Alter, A. / Oppenheimer, D.: Uniteing the tribes of fluency to form a meta-cognitive nation, in: Personality and Social Psychology Review, Bd. 13, S. 219, 2009.

Anderson, A., et al.: Crude comments and concern: Online incivility's effect on risk perception of emerging technologies, in: Journal of Computer-Mediated Communication, online vorab, 2013.

Aronson, E. / Tavris, C.: Ich habe recht, auch wenn ich mich irre. Warum wir fragwürdige Überzeugungen, schlechte Entscheidungen und verletzendes Handeln rechtfertigen. München 2010.

Betsch, C., et al.: The influence of narrative v. statistical information on perceiving vaccination risks, in: Medical Decision Making, Bd. 31, S. 742, 2011.

Bown, K. / Sevdalis, N.: Lay vaccination narratives on the web: Are they worth worrying about? In: Medical Decision Making, Bd. 31, S. 707, 2011.

Cialdini, R.: Die Psychologie des Überzeugens. Ein Lehrbuch für alle, die ihren Mitmenschen und sich selbst auf die Schliche kommen wollen. Bern 2010.

Cialdini, R. / Goldstein, N. / Martin, S.: Yes! Andere überzeugen – 50 wissenschaftlich gesicherte Geheimrezepte. Bern 2010.

Cook, J. / Lewandowsky, S.: The debunking handbook, University of Queensland, 2011.

Cho, H., et al.: Perceived realism: Dimensions and roles in narrative persuasion, in: Communication Research, online vorab, 2012.

Dekker, S., et al.: Neuromyths in education: Prevalence and predictors of misconceptions among teachers, in: Frontiers in Psych., Bd. 3, S. 1, 2012.

Diethelm, P. / McKee, M.: Denialism: What is it and how should scientists respond? In: European Journal of Public Health, Bd. 19, S. 2, 2009.

Dobelli, R.: Die Kunst des klaren Denkens. 52 Denkfehler, die Sie besser anderen überlassen. München 2010.

Dobelli, R.: Die Kunst des klugen Handelns. 52 Irrwege, die Sie besser anderen überlassen. München 2012.

Doering-Manteuffel, S.: Das Okkulte. Eine Erfolgsgeschichte im Schatten der Aufklärung. Von Gutenberg bis zum World Wide Web. München 2008.

Ecker, U., et al.: Correcting false information in memory: Manipulating the strength of misinformation encoding and its retraction, in: Psychonomic Bulletin and Review, Bd. 18, S. 570, 2011.

Ecker, U., et al.: Misinformation and its correction: Continued influence and successful debiasing, in: Psychological Science in the Public Interest, in press, 2012.

El-Alayli, A., et al.: «I don't mean to sound arrogant, but ...» The effects of using disclaimers on person perception, in: Personality and Social Psychology Bulletin, Bd. 34, S. 130, 2008.

Ernst, E. / Singh, S.: Gesund ohne Pillen. Was kann die Alternativmedizin? München 2009.

Fernbach, P., et al.: Political Extremism is supported by illusion of understanding, in: Psychological Science, online vorab, 2013.

Fragale, A. / Heath, C.: Evolving informational credentials: The (miss)attribution of believable facts to credible sources, in: Personality and Social Psychology Bulletin, Bd. 30, S. 225, 2004.

Geraerts, E., et al.: Lasting false beliefs and their behavioural consequences, in: Psychological Science, Bd. 19, S. 749, 2008.

Gigerenzer, G.: Das Einmaleins der Skepsis. Über den richtigen Umgang mit Zahlen und Risiken. Berlin 2002.

Goldacre, B.: Die Wissenschaftslüge. Die pseudowissenschaftlichen Versprechen von Medizin, Homöopathie, Pharma- und Kosmetikindustrie. Frankfurt am Main 2010.

Guenther, C. / Alicke, M.: Self-enhancement and belief perseverance, in: Journal of Experimental Social Psychology, Bd. 44, S. 706, 2007.

Lev-Ari, S. / Keysar, B.: Why we don't believe non-native speakers? The influency of accent on credibility, in: Journal of Experimental Social Psychology, Bd. 46, S. 1093, 2010.

Ha, M., et al.: Feeling of certainty: Uncovering a missing link between knowledge and acceptance of evolution, in: Journal of Research in Science Teaching, Bd. 49, S. 95, 2012.

Haidt, J.: The Righteous Mind. Why Good People are Divided by Politics and Religion. London, New York 2012.

Hall, L., et al.: Lifting the veil of morality: Choice blindness and attitude reversals on a self-transforming survey, in: Plos One, Bd. 7, S. e45457, 2012.

Harkins, S. / Petty, R.: The multiple source effect in persuasion: The effects of distraction, in: Personality and Social Psychology Bulletin, Bd. 7, S. 627, 1981.

Hart, W., et al.: Feeling validated versus being correct: A meta-analysis of selective exposure to information, in: Psychological Bulletin, Bd. 135, S. 555, 2009.

Hinyard, L. / Kreuter, M.: Using narrative communication as a tool for health beaviour change: A conceptual, theoretical, and empirical overview, in: Health Education & Behaviour, Bd. 34, S. 777, 2007.

Hood, B.: Übernatürlich? Natürlich. Warum wir an das Unglaubliche glauben. Heidelberg 2011.

Johnson, H. / Seifert, C.: Sources of the continued influence effect: When misinformation in memory affects later inferences, in: Journal of Experimental Social Psychology: Learning, Memory and Cognition, Bd. 20, S. 1420, 1994.

Jütte, R.: Die Geschichte der Alternativen Medizin. Von der Volksmedizin zu den unkonventionellen Therapien von heute. München 1996.

Kalichman, S.: Denying Aids. Conspiracy Theories, Pesudoscience, and Human Tragedy. New York 2009.

Kahneman, D.: Schnelles Denken, langsames Denken. München 2012.

Lewandowsky, S., et al.: NASA faked the moon landing – therefore (climate) science is a hoax: An anatomy of the motivated rejection of science, in: Psychological Science, Bd. 24, S. 622, 2013.

Litt, A., et al.: Pressure and perverse flights to familiarity, in: Psychological Science, online vorab, 2013.

Martin, C.: The psychology of GMO, in: Cur. Biol., Bd. 23, S. R356, 2013.

McCabe, D. / Castel, A.: Seeing is believing: The effect of brain images on judgements of scientific reasoning, in: Cognition, Bd. 107, S. 343, 2008.

Meisel, Z. / Karlawish, J.: Narrative vs evidence-based medicine – and, not or, in: Jama, Bd. 306, S. 2022, 2011.

Miller, D., et al.: Counterfactual thinking and the first instinct fallacy, in: Journal of Personality and Social Psychology, Bd. 88, S. 725, 2005.

Mooney, C.: The Republican Brain. The Science of Why They Deny Science – and Reality. Hoboken 2012.

Myers, D. / Abell, J. / Kolstad, A. / Sani, F.: Social Psychology. European Edition. Maidenhead 2010.

Newman, E., et al.: Nonprobative photographs (or words) inflate truthiness, in: Psychonomic Bulletin and Review, online, 2012.

Nickerson, R.: Confirmation bias: A ubiquitous phenomenon in many guises, in: Review of General Psychology, Bd. 2, S. 175, 1998.

Nyhan, B. / Reifler, J.: When corrections fail: The persistence of political misperceptions, in: Political behaviour, online vorab, 2006.

Oppenheimer, D.: Consequences of erudite vernacular utilized irrespective of necessity: Problems with using long words needlessly, in: Applied Cognitive Psychology, Bd. 20, S. 139, 2006.

Ranganath, K., et al.: Cognitive «category-based induction» research and social «persuasion» research are each about what makes arguments believable: A tale of two literatures, in: Perspectives on Psychological Science, Bd. 5, S. 115, 2010.

Roese, N. / Vohs, K.: Hindsight bias, in: Perspectives on Psychological Science, Bd. 7, S. 411, 2012.

Scharrer, L., et al.: The seduction of easiness: How scientific depictions influence laypeople's reliance on their own evaluation of scientific information, in: Learning and Instruction, Bd. 22, S. 231, 2012.

Schleichert, H.: Wie man mit Fundamentalisten diskutiert, ohne den Verstand zu verlieren. Anleitung zum subversiven Denken. München 2008.

Schuldt, J., et al.: «Global warming» or «climate change»? Whether the planet is warming depends on question qording, in: Public Opinion Quarterly, Bd. 75, S. 115, 2011.

Schwarz, N., et al: Metacognitive experiences and the intricacies of setting people straight: Implications for debiasing and public information campaigns, in: Advances in Experimental Social Psychology, Bd. 39, S. 127, 2007.

Shah, A. / Oppenheimer, D.: Easy does it: The role of fluency in cue weighting, in: Judgement and Decision Making, Bd. 2, S. 371, 2007.

Shermer, M.: Why People Believe Weird Things. New York 2002.

Skurnik, I., et al.: How warnings about false claims become recommendations, in: Journal of Consumer Research, Bd. 31, S. 713, 2005.

Slovic, P.: Trust, emotion, sex, politics, and science: Surveying the risk-assessment battlefield, in: Risk Analysis, Bd. 19, S. 689, 1999.

Slovic, P.: «If I look at the mass I will never act»: Psychic numbing and genocide, in: Judgement and Decision Making, Bd. 2, S. 79, 2007.

Sokal, A. / Bricmont, J.: Eleganter Unsinn. Wie die Denker der Postmoderne die Wissenschaft mißbrauchen. München 1999.

Song, H. / Schwarz, N.: I fit's easy to read, it's easy to do, pretty good and true, in: The Psychologist, Bd. 23, S. 108, 2010.

Specter, M.: Denialism. How Irrational Thinking Hinders Scientific Progress, Harms the Planet, and Threatens Our Lives. New York 2009.

Sunstein, C. / Thaler, R.: Nudge. Wie man kluge Entscheidungen anstößt. Berlin 2011.

Taleb, N.: Der Schwarze Schwan. Die Macht höchst unwahrscheinlicher Ereignisse. München 2008.

Thomm, E. / Bromme, R.: «It should at least seem scientific!» Textual features of «scientificness» and their impact on lay assessments of online information, in: Science Education, Bd. 96, S. 187, 2012.

Weaver, K., et al.: Inferring the popularity of an opinion from its familiarity: A repetitive voice can sound like a chorus, in: Journal of Personality and Social Psychology, Bd. 92, S. 821, 2007.

Winkielman, P., et al.: Fluency of consistency: When thoughts fit nicely and flow smoothly, in: Gawronksi, B. / Strack, F. (Hrsg.): Cognitive consistency: A unifying concept in Social Psychology, New York 2012.

Wiseman, R.: Paranormality. Why we see what isn't there. London 2011.

Register